[日]田中成明◎著
郝振江◎译

現代社会と裁判——民事訴訟の位置と役割

现代社会与审判

民事诉讼的地位和作用

北京大学出版社
PEKING UNIVERSITY PRESS

著作权合同登记号　图字：01-2009-5288
图书在版编目(CIP)数据

现代社会与审判：民事诉讼的地位和作用/(日)田中成明著；郝振江译．—北京：北京大学出版社，2016.8
ISBN 978-7-301-27377-7

Ⅰ．①现⋯　Ⅱ．①田⋯　②郝⋯　Ⅲ．①民事诉讼法—研究—日本　Ⅳ．①D931.351

中国版本图书馆 CIP 数据核字(2016)第 186521 号

GENDAI SHAKAI TO SAIBAN：MINJI SOSHO NO ICHI TO YAKUWARI
ⓒ SHIGEAKI TANAKA 1996
Originally published in Japan in 1996 by KOUBUNDOU PUBLISHERS INC.
Chinese translation rights arranged through TOHAN CORPORATION，TOKYO.

书　　　名	现代社会与审判——民事诉讼的地位和作用 XIANDAI SHEHUI YU SHENPAN ——MINSHI SUSONG DE DIWEI HE ZUOYONG
著作责任者	〔日〕田中成明　著　郝振江　译
责任编辑	王　晶
标准书号	ISBN 978-7-301-27377-7
出版发行	北京大学出版社
地　　　址	北京市海淀区成府路 205 号　100871
网　　　址	http://www.pup.cn
电子信箱	law@pup.pku.edu.cn
新浪微博	@北京大学出版社　@北大出版社法律图书
电　　　话	邮购部 62752015　发行部 62750672　编辑部 62752027
印　刷　者	北京中科印刷有限公司
经　销　者	新华书店
	880 毫米×1230 毫米　A5　10 印张　175 千字 2016 年 8 月第 1 版　2016 年 8 月第 1 次印刷
定　　　价	39.00 元

未经许可，不得以任何方式复制或抄袭本书之部分或全部内容。
版权所有，侵权必究
举报电话：010-62752024　电子信箱：fd@pup.pku.edu.cn
图书如有印装质量问题，请与出版部联系，电话：010-62756370

导 读

现代社会与审判
民事诉讼的地位和作用

在中国高校普遍性疯忙的"黑色五月",我收到了这本《现代社会与审判——民事诉讼的地位和作用》的中文译稿。原本只是作为一位长期从事和关注法学翻译和比较研究的学者,应译者郝振江副教授的约请为本书写个简短译序或导读,但阅读过程带来的愉悦和收益却大大超乎自己的预期,甚至反而感觉这份额外的任务缓解了近日的忙乱和焦躁。于是,在随后不断转换频道的欧洲旅程中我破例携带了一本学术读物——在赴维也纳研讨会的飞机上,在萨尔斯堡开往慕尼黑的火车上,在格老秀斯的家乡代夫特小镇的宾馆里,在莱顿火车站等待马斯特里赫特大学同事的咖啡厅里……我陆续完成了第二遍阅读并顺手校订了少量译文表达。然后决定回国立即写一篇导读,以为对本书作者田中成明教授的致敬。

这本著作的可读性和兴奋点,首先源于其研究主题本身,即民事司法在现代社会中的地位和作用,与中国问题的当下关切点高度契合。本书出版于 1996 年,当时日本处于正式推进社会"法化"的进程中,社会对"司法"期待很高,但民事诉讼却不能充分回应这一期待，呈现出功能停滞的状态。书中所描述的现实问题、制度趋势和学术争点都与 20 年后的中国当下情况大致相似，但在相关问题上无论是法治发展的程度还是学术研究的深度抑或参与讨论的广度却是我们难以企及的。

作者敏锐地指出，提高对审判的期待并要求其功能扩大的另一面就是审判的特质本身也呈现扩散倾向，作为"法的支配"最后屏障的中枢地位正在发生动摇。现代法体系的功能逐步由谦抑与规制向能动与促进方向扩大，法的问题的日趋增多、复杂和多样化不仅导致法问题解决的制度和程序的多样化，而且所运用的思维方法和技法也发生着变化。法的功能扩散倾向使得其自立存在的理由受到追问，审判被认为是"法"自立存在的基础核心，在传统上作为典型法程序且一直被视为具体实现"法"核心内容的场所，但随着审判对政策形成功能关注程序的提高、审判外 ADR 的充实、法问题解决中行政过程和私人交涉过程的比重增大等，审判自身的地位和作用也受到重新考虑。"法"的核心特质表现在审判中就是将一般法律规范适用于事后个别解决具体纠纷的程序过程及其结果上，"要件—效果"模式（如果符合法律要件的事实得到认定就认可所规定法律效果）作为法独特的辩论与决定方法，也是根据审判的这种纠纷解决功能而形成的。但是，随着法问题的复杂多样化,单纯运用这一自立的"要件—效果"模式的方法甚至已经难以恰当地发挥审判的纠纷解决功能,所以有观点主张有必要导入"目的—手段模式"和"妥协性调整模式"等以提高法的问题解决能力,而这些方法在原理上与法的正当化方式难以并存。因此,本书将当时围绕民事诉讼的理论和实务动向的主要课题置于"法化"与"非法化"(英—中翻译通常译为"去法化")的问题之下展开讨论,以促进公正迅速审理的方式、现代型政策形成诉讼的应对、审判外纠纷解决程序(ADR)扩充与活用的方向等具体问题为中心,尝试从法理学角度考察如何在原理上思考在日本社会转变期民事审判的地位和作用。

本书的吸引力和说服力,还在于作者的立足点、透视问题的视角,是基于对日本当时法治基础区别于欧美国家的独立判断,并据此对欧美学术思潮和司法改革趋势及其对日本的影响进行了冷静的观察和公允的评论,从而结合本土法治发展状况和法的基础原理提出多元方法论中坚持法治主义的立场。这种学术立场和方法在观察和思考中国问题的法治主义者那里一定会引起广泛而高度的共鸣。

作者指出,在现代法体系功能扩大的前提下,为恰当应对法纠纷的复杂多样化基本上可能无法避免地要扩充审判的作用。但是,考虑到我国普遍主义型"法化"尚不充分、法体系和司法制度自立性存在根基尚且脆弱的实际情况，有必要慎重探讨沿着法工具主义或非正式主义战略扩充审判作用时，是否有可能在不损害审判固有功能、继续坚持在保障当事人参加当事人主义程序前提下，通过正确认定事实和准确适用法律明确当事人间法的权利义务关系。而且，审判作用的扩充，是在坚持"法"核心特质的同时提高法制度的应对性与敏感度，还是使"法"核心本身空洞化、推进其扩散倾向、导致法体系和司法制度自立存在根基的解体，原因大概都是一样的。与已经进入法治现代化状态的日本90年代末期相比，仍在前现代法治时代徘徊的当下中国，"法化"更不充分、法体系和司法制度自立性的根基更加脆弱甚至尚未建立，比如在作为"法"的核心特质的"要件—效果"模式在中国司法实践的局部发达地区刚刚起步，尚未成为一种被法律界普遍掌握和广泛认知的辩论、裁判方法，相反，司法工具主义、"目的—手段模式"和"妥协性调整模式"以及"社会效果"评价体系从来不曾离开过审判实践。

作者进一步主张，通过审判解决纠纷已经未必是所有法问题全部而且最终的解决方式，更不用说是最好的方式，因此区别不同问题，通过行政机关决定和私人间自主性交易交涉的解决具有越来越重要的地位。对于有些在法的争点并没有那么重要意义、而是因政治、社会经济、道德和心理等方面争点的重要性而引起关注的问题,审判未必是最佳途径。在这些场合,为解决问题即便运用了诉讼,不仅由判决裁定法的争点对问题整体最终解决的影响不确定,而且诉讼程序审理与决定的恰当与否也令人怀疑,很多情况下诉讼利用和司法裁定只具有战略性和便利的意义但却处于边缘性的地位。因此,对于法规范、诉讼程序和判决等来说,其法的权威未必源于基于内在视点的规范拘束力,有时不过是为了实现某种公的或私的目标的工具、手段或可用于交易交涉的资源和情报,此时"法"的排他或优先的位置并没有被视为共通的背景性条件。但是,只要是审判中的辩论和决定,在制度上最终就要求通过以实体法规范为权威前提、内在视点上接受的"要件—效果"模式进行的正当化居于排他的或者优先的位置。所以,参与审判过程的法官和当事人与律师之间,就产生了参与"法"的方式上的差异,审判实务孕育着内在的紧张;但是在审判中一味战略性地运用法规范而置其权威拘束力于不顾的"目的—手段"模式和妥协性调整模式在导入方式上是有限度的,不能由此全面否定"法"的规范性拘束力本身。为了缓解在诉讼过程中法官和律师之间基于对"法"立场的差异产生的紧张关系,本书对于这种紧张关系尤其尖锐的领域即现代型诉讼和诉讼上的和解等问题展开了专门讨论。在中国尚未确立以裁判和当事人主义为中心的程序、法院职权主义仍然处于绝对优势的现实下，由法院主动地推动多元化纠纷解决体系建立、不断地强化调解，一个尚处于"法化"过程之中的社会，到底是应当进一步走向"法化"，还是要进一步强化法治工具主义和"目的—手段"模式从而蜕变到法治虚无，对此问题的思考，本书无疑提供了直接的启示。

本书系统考察了围绕"法化""非法化"展开的境内外学术观点，提出了普遍主义型法（后修正为"自立型法"）、管理型法及自治型法的法的三种类型模型作为其分析讨论的法理学框架。作为作者批判或论战对象而系统引述和归纳的那些著述和相关作者，对于那些与作者持相反观点的读者来说，也至少具有大大拓展信息源和智识维度的文献价值。或许，这些资讯的丰富性、系统性和问题、背景的可参照性，有可能为论战各方配给更多知识武器，从而再次点燃中国法学界围绕相关问题展开的讨论，将苏力教授由《法律人思维？》一文引起的那场方兴未艾的论战进一步推向深入，更或许，这场生发于法理学界的星火因部门法特别是程序法学者的广泛参与而更具有技术含量和说服力。

最后，援引作者的一段话，再次回到本土问题与制度走向这一基本学术思考上来。作者指出，像我国这样在相当长历史时期以参照近代西欧法来实现法体系近代化为目标的非西欧诸国家，如果在法的理念与制度原理上强调近代西欧的起源与基督教背景并走向文化异质性与文明冲突的一面,这就非常令人怀疑是否有利于国际间法冲突的解决与国内法体制改革呢。当然,非西欧国家都是以适合该国文化、宗教、传统背景和政治经济及其他各种社会条件的方式去继受近代西欧法的,先不说正式制度层面,就是在制度现实运用方法和运行层面上无法同西欧国家相提并论的复杂现象也是处处可见,这是事实。但是,沃尔夫伦等修正主义者的论点同基于相对主义批判西欧"文化帝国主义"的观点一样,妨碍着不同文化和文明通过接触、对话促进国际间相互理解的可能,这种无论在国际上还是国内都容易强化维持现状的强硬态度难道会取得什么成果吗?在尤其被视为法的事物的近代西欧自由主义观念和制度原理陷入所谓"认识论危机"的背景下,现代法体系与法文化比较研究中最为重要的,可能还是要正视普遍性取向和特殊性取向在国际与国内两个层面相互作用、同时发展的复杂现状。在此基础上,虽然就权利和人权、自由和平等、民主制、立宪主义和法的支配等观念和制度要考虑各国文化、传统及历史的原则性差异,但作为要超越这种差异、相互对话、相互学习的背景根据框架,就应当努力创造性地重新构筑所谓"脱西欧化""脱宗教化"。作者质问道:德国和美国为应对"法化"过剩采取的"非法化"战略与日本"法化"不足情况下采取的"非法化"战略果真目标一致吗?它们是否能发挥同一功能呢?"法化"要求与"非法化"战略究竟是否可以综合理解呢?这一质问对于中国学者更是振聋发聩。我曾在题为《走向现代化的中国民事诉讼制度》一文中提出了三个问题:我们从哪里来?我们当下位于何处?我们要走向哪里?而第三个问题的答案取决于对前面两个问题的事实判断。面对美国、德国、日本为了应对"法化"过剩采取的"去法化"战略,"法化"不足或尚未"法化"的中国也鹦鹉学舌地鼓噪"去法化"战略,岂非如同"瘦子陪胖子减肥"?!

傅郁林

2016年6月19日零点于陈明楼

中文版序

现代社会与审判
民事诉讼的地位和作用

郝振江副教授对拙著《现代社会与审判》产生兴趣,将它翻译为中文交由北京大学出版社出版,我感到万分荣幸和高兴。

本书出版于 1996 年。当时日本处于正式推进社会"法化"的进程中,虽然社会对"司法"期待很高,但包括行政诉讼在内的民事诉讼却不能充分回应这一期待,呈现出功能停滞的状态,危机意识在相关人士间也开始蔓延。本书以促进公正迅速审理的方式、现代型政策形成诉讼的应对、审判外纠纷解决程序(ADR)扩充与活用的方向等为中心,将当时围绕民事诉讼的理论和实务动向的主要课题置于"法化""非法化"的问题讨论之下,尝试从法理学角度考察如何在原理上思考日本社会转变期民事审判的地位和作用。

幸运的是,本书出版后受到了实务家、法律学者、法社会学者等来自于各个领域的人士的关注,他们提出了各种富有启发意义的指正和批评,我也获得了回应以及就本书观点进一步阐释与修正的机会。关于这些内容,如果尤其能参考下加藤新太郎、田中成明、山本和彦、佐伯一郎《(座谈会)民事司法功能的现状和课题——"现代社会与审判"的解读》(载于《判例时报》第 1027、1028 号,2000 年;收录于加藤新太郎主编:《民事司法展望》,判例时报社 2002 年)或者拙著《现代审判的思考》(有斐阁,2014 年),我将感到非常荣幸。

本书出版后,我国不仅对直接涉及民事审判的一些重要程序和制度进行了改革,例如全面修订民事诉讼法(1996 年)、追加部分民事诉讼法改革(2003 年)、制定迅速审判法(2003 年)、修订部分行政诉讼法(2004 年)及制定促进 ADR 利用法等;而且,在跨世纪大规模的司法制度改革中还完善了诸多相关制度和人事基础。所以,就民事审判理论和实务,一方面在改革后遗留了一系列仍然需要继续讨论的问题,另一方面在具体方案实施中也产生了新的课题,尤其在实务中可以看到这些显著变化。考虑到司法制度改革后的这些状况,尽管本书陈述的部分观点有必要进行修正,但就民事审判的原理考察立场本身至今我仍然认为是基本妥当的。

本书考察的法理学框架是普遍主义型法、管理型法及自治型法的法的三种类型模型和"讨论与交涉论坛"的法构想。这些尝试性的理论框架受到了各种观点的质疑和批评,我也一直在依据这些质疑和批评进行着反复试错式的理论形成和修正。例如,本书完成后把普遍主义型法用语修正为"自立型法",比以前相对灵活的理解法实践中讨论和交涉的区别与联系。虽然进行了这些修正,但是我认为我的基本思考方法并没有变化。对这一法理学理论框架本身有兴趣的同仁,如果能参考一下提出并归纳我最近这些观点的著作《现代法理学》(有斐阁,2011年),我将感觉很荣幸。

如上所述,虽然本书出版后实际情况已经发生很大变化,但是通过本书中文版的出版,本书提出的基本理论框架、立场及在此基础上对民事审判主要课题的原理性考察,如果能多少有助于中日之间关于民事诉讼实务和理论的比较研究及中国讨论的展开,促进中日之间的学术交流,那将是意外幸福的收获。

最后,对抽出宝贵时间翻译拙著的河南大学法学院郝振江副教授,以及接受他在京都大学法学研究科进行共同研究并不辞辛劳介绍本书翻译的山本克己教授表示感谢。

田中成明

2015年9月于京都

CONTENTS
目 录

第一章 现代审判的法状况

▶ 01

转变期的日本法现状 003

(一) 自我理解和评价的变迁与混乱　003
(二) 外国人眼中的"日本法"　007

▶ 02

"法"的扩散与核心 014

(一) 现代法的功能扩大及其对审判的影响　014
(二) 法律学与法思考知识环境的变化　018

▶ 03

作为背景的"法化""非法化"讨论 022

(一) "法化"的三侧面与法的三类模型　022
(二) "非法化"及其三个应对战略　030

(三) 与德、美对比中看到的现代日本法状况　033

▶ 04

对现代法的立场和民事诉讼的地位　044

(一) 相互主体立场与对话合理性标准的法的"制度化"　044
(二) 民事诉讼在讨论与交涉论坛中的地位　050

第二章
民事诉讼的
地位与特质

▶ 01

民事纠纷解决体系的多元化　061

(一) 替代性纠纷解决程序评价的变迁　061
(二) 多元纠纷解决体系的整体构造与运行条件　070

▶ 02

"第三波"理论的批判性探讨　083

(一) 引言　083
(二) 基本立场与关注点　086
(三) 民事诉讼的特质与功能　096
(四) 民事纠纷解决过程中诉讼的定位　103
(五) 融合判决与和解的一元论的提倡　107
(六) 辩论兼和解(和解兼辩论)的评价　112
(七) 现代型诉讼的应对　118
(八) 结论　124

第三章 民事诉讼与纠纷解决功能——民事司法改革的背景及其射程

▶ 01

民事司法改革的意义　129

(一) 民事司法改革的正式展开　129
(二) 改革背景与问题所在　132

▶ 02

社会的"法化"与民事诉讼 138

(一) 通过民事诉讼对社会"法化"的回应 138
(二) 作为多种法制度回应环节之一的民事诉讼 142
(三) 民事司法改革的争论焦点 150

▶ 03

围绕改革的原理争点的对立结构 156

(一) 诉讼在民事纠纷解决过程中的地位 156
(二) 判决中心型诉讼模式的制约与局限 161
(三) ADR支持论的多样性 169
(四) 主要的ADR批判论 176

▶ 04

民事诉讼改革的目标与方向 186

(一) 诉讼上的和解的定位 186
(二) 法官与律师作用的变化 196
(三) 法制度设计的理想方案 203

▶ 05

结语——总结与展望 209

第四章 现代型诉讼与政策形成

▶ 01

诉讼功能的扩大　217

(一) 现代型诉讼的背景与特征　217

(二) 讨论争点与对立状况　225

▶ 02

判例的法创造及其正统性　231

(一) 判例的实务及理论动向　231

(二) 判例的法创造的正统性　237

▶ 03

诉讼程序过程的功能　246

(一) 审判的正统性与程序保障　246

(二) 程序过程的特有功能　250

▶ **04**
诉讼的政策形成功能 255

(一) 诉讼的多重影响与法律学的视角 255
(二) 权利生成与诉讼的作用 268

▶ **05**
诉讼功能扩大的方向与界限 280

○ 事项与人名索引 285

○ 后记 290

○ 译后记 293

第一章 现代审判的法状况

现代社会与审判
民事诉讼的地位和作用

第一章 现代审判的法状况

▶ 01
转变期的日本法现状

（一）自我理解和评价的变迁与混乱

面对21世纪越来越复杂的内外状况，战后五十年来临之际我国法体系与法文化正在迎来重大转折。在如何理解与评价我国法现状、应当如何进行改革等问题上，受后现代主义影响，以前的模式与目标均出现动摇，给人一种相当混乱甚至迷失方向的感觉。

19世纪60年代后半期，我国受急速城市化、工业化等内发因素影响，社会开始决定性地向"法化"社会推进。80年代后期，国际化进程中的跨国企业纠纷与贸易摩擦等外发因素进一步加速了这一进程。由此，我国法体系、法文化开始获得了更多的国际性比较与讨论的机会。

在这种"法化"状况的国际性讨论中，曾经长期处于坐标位置的是川岛武宜的近代主义"民主化—近代化"路线。① 川岛"民主化—近代化"的具体模式与目标虽然随时代会有微妙的变化，但他法意识论关心的基本问题一直是为实现日本政治、经济和社会的民主化而推进"法生活的近代化"。依照他的理解，日本以宪法体制为理想前提与目标的近代权利意识，在成长过程中受到了战后残存的传统身份阶层式社会结构和义理人情文化的阻碍；民事纠纷解决时回避审判与利用非正式调停的行为都是日本近代权利意识不成熟的特有现象。对于这些，他均持否定的评价立场，认为在日本社会开始内发性"法化"的1976年这一时点上，近代的法与权利意识才终于形成并逐步成长，并为此预测如果人们更加强烈地意识到并主张权利，就会更加频繁地运用诉讼。

关于日本以"法化"为中心的法状况的规定性要因，对于川岛重视传统文化与社会特质的观点，尽管70年代以后有学者从制度不健全或政策意图对它提出过质疑，但认为我国以审判为中心的"法化"状况不充分，对之持否定评价并认为有

---

① 参见川岛武宜：《川岛武宜著作集》（第3卷），岩波书店1982年版，Ⅰ；同著作第4卷，Ⅲ、Ⅳ等。此外，关于我自身对川岛观点的评价，参见田中成明：《日本法文化的现状与课题》，载《思想》第744号（1986年），第4—7页。

第一章
现代审判的法状况

必要以欧美的情况为参考进行改革的观念基本没有变化。②

进入 70 年代以后,权利主张确实整体上呈现积极化,为实现权利比以往更加广泛地运用审判,不仅审判的纠纷解决功能而且其政策形成功能也受到社会高度关注。但是,调停还是一如既往地被利用着,诉讼上的和解结案的案件数呈不降反增的趋势。不仅如此,为应对公害纠纷与消费者纠纷等新型纠纷的增加及法的纠纷复杂多样化,还采用了努力扩大调停等既有程序功能、创设以行政型为中心的各种审判外纠纷解决程序的政策。而且,诉讼(判决)*程序以外替代性纠纷解决程序(ADR,alternative dispute resolution)的现实功能也在从传统"反法化"倾向向"非法化"倾向逐渐变化,比起日本文化与社会传统特质的特殊因素,其存在理由和利用动机上更强调费用与时间等经济考量的普遍性因素。结果,各种ADR 并没有一概遭到否定性评价,比较探讨它们与诉讼之间的优劣,想以此作为具有合理性存在理由的事物予以重新认

---

② 参见田中英夫、竹内昭夫:《私人在法实现中的作用》,东京大学出版社 1987 年版;大木雅夫:《日本人的法观念》,东京大学出版社 1983 年版;John O. Haley:《讨厌审判的神话》(上、下),加藤新太郎译,载《判例时报》第 902 号第 14—22 页、第 907 号第 13—20 页。

* 日语原文是"诉讼=判决程序",田中教授意在强调"以判决为核心的诉讼程序",译者按照中文表达习惯将之译为诉讼(判决)程序。后文中均采用同样译法。——译者注

现代社会与审判
民事诉讼的地位和作用

识的态度越来越强。③

如果稍微扩大视野,看下战后日本文化与社会比较研究方法的变迁,就会发现从70年代以后以欧美先进国家为模型的近代主义下评价为日本特有现象的特质逆转性地获得了肯定评价,认为它并非日本特有的、而是一种与欧美或多或少存在着共通之处的普遍性特质的观点变得有影响力,并逐渐获得了支持。④ 在日本文化与社会比较研究中,也一直是把法的纠纷解决中回避诉讼、喜好非正式程序的倾向作为一个重要主题予以展开讨论的,相对看待近代西欧观点的抬头也反映在对这种法行为的评价上。

肯定回避诉讼、喜欢运用非正式程序解决的倾向,认为它符合日本传统文化和国民性的观点在战后也是一直根深蒂固地残存着。但是,在"日本文化论"论调变化的背景下,即使法曹*内部也开始公然主张将之作为国际化时代日本社会迈向"法化"的司法应对战略,作为无法忽视的论据它再次占据了

---

③ 关于70年代以后这种动向的分析和评价,参见田中成明:《现代日本法的结构》(增订版),悠悠社1992年版。本书依据其后的发展,在详细叙述以往见解的同时尝试作了一些方向上的修正。

④ 青木保在其所著《〈日本文化论〉的变革》(中央公论社1990年版)一书中作了"否定特殊性""历史相对性""肯定特殊性""从特殊到普遍"的时期区分与展望,从这种区分与展望中可以获得丰富的启示。此外,对于近代西欧认识的变迁,参见石田雄:《社会科学再考》,东京大学出版社1995年版,第三章。

* 法曹在日本是指法官、检察官及律师三者的总称。——译者注

一定位置。当然,对这种观点的批判性意见也很强。将我国民事纠纷解决制度与解决过程的现状视为普遍的还是特殊的,对之持否定评价抑或肯定评价,对之理解与评价的模式或制度是诉诸法特有的自立的法治主义标准还是依据经济、政治、宗教及道德等还原主义*标准,我国现代法状况在自我理解和评价上呈现出一幅复杂对立的图景。

(二)外国人眼中的"日本法"

我国上述自我理解和评价的混乱同外国人对日本法分析和评价的多样化也有密切联系。

首先应当关注的是70年代中期欧美的"非司法化"与ADR推进运动。在它的影响下,逐渐出现对近代西欧运用诉讼(判决程序)实现正义的传统法治主义理念的质疑和不信任。日本这时的论调也发生了巨大变化,甚至出现了日本回

---

* 还原主义:英语为"Reductionism"、德语为"Reduktionismus",认为对复杂事物的理解可以通过将它分解为更为简单或者更为基础的各种组成要素来进行,如果这些个别的(或者部分的)要素能够得以理解,据此也能够理解原来复杂事物的整体性质或者状况。——译者注

现代社会与审判
民事诉讼的地位和作用

避诉讼倾向和法院内调停程序是取代诉讼理想模式的主张。⑤确实,我国的这些传统倾向与程序在战后逐渐完成了功能转换,继续按照过去印象对它们一概进行否定评价是不恰当的,而且不可否认它也有值得肯定并且可以给欧美司法制度改革带来某种启示的一面。但是,仅仅因为我国司法现状有部分值得肯定的一面,就能自我满足地认为它整体上运行也是合理的吗?

作为外国人的观察,美国学者海莉(J. O. Haley)的回避审判行为分析具有先驱作用⑥,不过进入 90 年代后引起关注并引发讨论的是美国学者马克·拉姆塞耶(Mark Ramseyer)所著《法与经济学——日本法的经济分析》⑦与荷兰记者沃尔夫伦(Karl

---

⑤ 代表性作品如 Warren Burger(美国联邦最高法院法官),Agenda for 2000A. D—Need for Systematic Anticipation, in 70 *Federal Rules Decisions* (1976); Berger, Isn't There a better Way?, in *American Bar Association Journal*, Vol. 68(1982); Frank A. Sander(哈佛大学法学院教授),Varieties of Dispute Processing, in 70 *Federal Rules Decisions* (1976).

⑥ 参见 John O. Haley, The Myth of the Reluctant Litigant.(日译本见加藤新太郎译:《讨厌审判的神话》,同前注②。)

⑦ 参见拉姆塞耶:《法与经济学——日本法的经济分析》,弘文堂 1990 年版,尤其是第 2 章、第 3 章。对这种观点的批判,参见滨田宏二:《书评:马克·拉姆塞耶〈法与经济学〉》,载《经济学研究》第 4 卷(1992 年),第 82—84 页;六木佳平:《法社会学研究中的法文化》《"日本的"交易惯例与法社会学》,载《法社会学年报》第 47 号(1995 年),第 183—189 页。

van Wolferen)所著《日本权力构造之秘》⑧这两本书的对照分析。这两人虽然基本上都采用了普遍主义方法,但瑞尔宝采用的是经济主义(economism),沃尔夫伦采用了法治主义,他们在基础上是有差异的。就日本法状况的评价,拉姆塞耶强调它与欧美的共通性,无论说什么都是持肯定态度;与之相对,沃尔夫伦强调它与欧美性质上的不同,几乎持全面否定态度。

信奉法与经济学方法的拉姆塞耶强调,如果将基于合理成本与收益计算追求财富最大化的经济人假说也适用于法行为分析,那么国际社会视为不可理解的日本特有的日本人法行为就是合理的,日本法制度也是有效的,与欧美不同之处基本上不过是程度的差异而已。

对于日本人回避审判的行为,他没有采纳川岛武宜等人认为是受日本特有文化影响的文化说和因为诉讼花费时间和费用的制度说,而是提倡预测可能性说,认为回避审判是因为很多情况下双方当事人可以大致平等地评价判决的期待值。为此,他尝试运用比较双方当事人审判所得利益和审判外和解所得利益的成本与收益计算方法来论证自己的假设。对于交通事故赔偿,他比较了判决和审判外处理的实际状况,主张

---

⑧ 参见 Karl van Wolferen,*The Enigama of Japanese Power*(1989),尤其是第一章和第八章。该书日译本参见《日本权力构造之谜》,篠原胜译,早川书房 1990 年。

由于审判外解决大致也能获得判决同样的结果,所以审判外也能合理地解决纠纷,法制度也能实效地发挥功能。而对于以政府为相对方的诉讼中被告胜诉占居压倒性多数的理由,虽然多是将它作为法院的行政追随倾向予以批判,但在他看来这是因为政府是卷入众多同样诉讼的重复性当事人(repeat player),它重视判例的先导作用,对于可能败诉的案件会尽可能以审判外和解的方式解决,有可能具有良好先例作用的案件才进入诉讼,这些是可以整合性地说明他的假设的。

沃尔夫伦是认为欧美立宪民主制与法的支配具有普遍性,强调日本权力构造的异质性并促使它进行改革的修正主义的代表性人物。他虽然运用政治主义方法批判文化论方法,评价日本法和司法没有在西欧式的公正和正义等普遍性原理之下,无论权力控制还是纠纷解决都无法像欧美那样实效运行,但他基本上还是继受了川岛武宜等人的否定评价,认为日本法状况为特殊的日本状况。

他强烈批判日本宛如没有顶端的金字塔一般的"官僚—自民党—产业界"为核心的体制,理由是它们可以公然不受批判地非正式地行使权力、分不清责任所在,继续并强化这种体制的结果只能是法律沦为行政道具,法的运用也不遵守宪法而且司法会高度政治化。他认为,和解得以广泛运用并非是受维持"和"的文化因素的影响,而是源于以审判作为公开讨论的场所可以逻辑地得出结论,以避免这种体制崩溃的政治压力;集团主义、协调倾向、缺乏个人主义、法和司法地位较低等历来被视为日本文化与社会特殊性的内容,几乎也是政治上维持并强化这种状况的结果。他非常沮丧地预测,要改革这种现状使日本成为真正的近代立宪国家,就有必要以近乎革命的方式进行权力重组。

上述分析观点都相当极端而且片面,方法与内容上也存在着诸多问题。但是,在探讨国际化时代日本社会"法化"的方式时,从他们这些富有挑战性的分析中还是可以获得很多启示的。

一方面,就拉姆塞耶信奉的法与经济学分析方法而言,把经济效率性作为国际比较的共通标准确实易于理解和运用,在评价法制度与法行为合理性和实效性时也是不可忽视的主要因素。但是,由此能说只有它才是国际比较的唯一共通尺度吗?法制度与法行为的合理性和实效性是否能换算为经济效率性呢?这种换算是否恰当呢?这些都是涉及"法"自立存在理由的根本性疑问。对于交通事故赔偿纠纷,既有完备的保险制度也公布有赔偿算定标准等,在法的纠纷事例中毋庸置疑应当是例外的,不能说是适合于论证他的假设的论据;即使他的假设获得了实证,也令人怀疑是不是可能会成为其他两个假设的反证。关于政府作为相对方的诉讼中被告胜诉率高的理由,他这种说明确实也能成立,但问题是能否仅凭这一点就否认沃尔夫伦的批判呢。关于日本司法制度和日本人的法行为,先不说部分,整体上无论如何都不能说具有拉姆塞耶说的实效性与合理性,那么认为日本法体系和司法制度在权力控制、权力救济和纠纷解决任何一个方面都充分发挥着同自由、公正社会相适应的作用,这样是否合理呢。

另一方面,像沃尔夫伦等修正主义者所说的,日本的司法制度和日本人的法行为同欧美是基于完全不同性质原理的观点如今可能已经不甚恰当。不容否认,权利和人权、自由和平等、民主制、立宪主义和法的支配等观念与制度原理在近代西欧是在与自由主义相结合后才得以确立,并且深受基督教传统影响。但是,像我国这样在相当长历史时期以参照近代西欧法来实现法体系近代化为目标的非西欧诸国家,如果在法的理念与制度原理上强调近代西欧的起源与基督教背景并走向文化异质性与文明冲突的一面[9],就令人非常怀疑是否有利于国际间法冲突的解决与国内法体制改革。当然,非西欧国家都是以适合该国文化、宗教、传统背景和政治经济及其他各种社会条件的方式去继受近代西欧法的,先不说正式制度层面,就是在制度现实运用方法和运行层面上无法同西欧国家相提并论的复杂现象也是处处可见,这是事实。但是,沃尔

---

[9] 代表作品例如 S. 亨廷顿:《文明的冲突》,载《中央公论》1993 年 8 月号,第 349—374 页。

夫伦等修正主义者的论点同基于相对主义批判西欧"文化帝国主义"的观点一样，妨碍着不同文化和文明通过接触、对话促进国际间相互理解的可能，这种无论在国际上还是国内都容易强化维持现状的僵化态度难道会取得什么成果吗？

在尤其被视为法的特质的近代西欧自由主义观念和制度原理陷入所谓"认识论危机"的背景下，现代法体系与法文化比较研究中最为重要的可能还是要正视普遍性志向和特殊性志向在国际与国内两个层面相互作用、同时发展的复杂现状。在此基础上，虽然就权利和人权、自由和平等、民主制、立宪主义和法的支配等观念和制度要考虑各国文化、传统及历史的原则性差异，但作为要超越这种差异、相互对话、相互学习的背景根据框架，就应当努力创造性地重新构筑所谓"脱西欧化""脱宗教化"，不再使用"内部理论和外部理论"区分但却能够清楚地解释或解决相互规定的国际与国内问题的框架。在普遍性与特殊性的紧张关系中，在依据各个国家法体系与法文化所处状况确立恰当的"法化"方向时，关键在于不坚持所谓原理原则论和现实对策论，运用智慧（prudentia）同时把握个性和普遍性，在复杂的现实状况中准确判断什么是可能的，这在很大程度上需要以该智慧为特征的法实践知识。[10]

---

[10] 在以上思考方法中，虽然难以全面赞同青木的观点（参见青木：《〈日本文化论〉的变形》，前注④，尤其是第七章之外），但从 Alasdair MacIntype, *Whose Justice, Which Rationality?* (1998), esp. Chs. XVII—XX 中还是可以获得很大启示的。

▶ 02
"法"的扩散与核心

(一)现代法的功能扩大及其对审判的影响

最近,不仅我国而且世界范围内就法状况的理解与评价都变得越来越困难,这虽然与上述近代西欧法坐标的动摇有关,但在很大程度上也是因为现代法体系的功能已不再局限于消极与规制,而是逐渐向积极与促进方向扩大;与此相呼应,法的问题也日趋复杂、增加与多样化,不仅法问题解决制度与程序呈现多元化,而且所运用的思考方法与技法也在发生着改变。

整体而言,"法"呈现扩散倾向。它的自立存在理由受到追问,即使是传统上作为典型法程序且一直被视为具体实现"法"核心内容的场所的审判,随着它对政策形成功能关切程度的提高、审判外 ADR 的充实、法问题解决中行政过程和私人交涉过程在比重上的增大等,人们不得不重新考虑它的地位和作用。对审判的期待的提高、要求其功能扩大的另一面就是可以看到,作为"法的支配"最后屏障的中枢地位正在发生动摇,向来被视为"法"自立存在基础核心的审判的特质本身也呈现扩散倾向。

"法"的核心特质的最纯粹形式,表现在审判中适用一般法规范事后个别解决具体纠纷的程序过程及其结果上,符合法律要件的事实得到认定就认可所规定法律效果的"要件—效果"模式作为法独特的讨论和决定方法,也是依照审判的这种纠纷解决功能为目标形成而来的。但是,随着法问题的复杂多样化,单纯运用这一自立要件—效果模式的方法甚至审判的纠纷解决功能都已经难以恰当地发挥,所以有观点主张有必要导入"目的—手段模式"和"妥协性调整模式"等这些与纯粹法的正当化方式处于同一平面、原理上难以并存的方法来提高法的问题解决能力。[11] 审判的这种自立法讨论和决定的界限在期待审判发挥政策形成功能,以与审判外纠纷解决程序相互作用与融合为目标的场合体现得更为明显。

但是,只要是审判中的讨论和决定,在制度上最终就要求通过以实体法规范为权威前提、内在视点上[12]接受的要件—效

---

[11] 最近法的思考中关于要件—效果模式、目的—手段模式及妥协性调整模式之间相互关系及它们综合理解的可能性探讨,参见田中成明:《法理学讲义》,有斐阁1994年,第318—319页、第404—406页。

[12] 就实定法体系的"视点"问题,请参见上注田中成明书,第14—19页。

果模式进行的正当化居于排他的或者优先的位置。所以,参与审判过程的法官和当事人与律师之间,就产生了参与"法"的方式上的差异,审判实务孕育着内在的紧张。但是,在审判中导入目的—手段模式和妥协性调整模式,一味战略地运用法规模、置其权威拘束力于不顾的方式是有限度的,它没有全面否定"法"的规范性拘束力本身。

对于审判在法上的定位而言,更严重的问题是随着法问题的复杂多样化,通过审判解决纠纷已经未必是所有法问题全部而且最终的解决方式,更不用说最好的方式。区别不同问题,通过行政机关决定和私人间自主交易交涉的解决具有越来越重要的地位。整体而言,虽然法规制与保护的范围在迅速扩大,以某种方式涉及法的问题也在增加,但在这些问题的解决上法的争点并没有那么重要的意义,很多时候是因政治、社会经济、道德和心理等方面争点的重要而引起关注的,这种状况也在动摇着审判的传统地位。

在这些场合,为解决问题即便运用了诉讼,不仅由判决裁断法的争点对问题整体最终解决的影响不确定,也令人怀疑诉讼程序审理与决定的恰当与否,很多情况下诉讼利用和司法裁定只具有战略性和便利的意义、处于边缘性的地位。因此,对于法规范、诉讼程序和判决等来说,其法的权威未必源于基于内在视点的规范拘束力,有时它不过是为了实现某种

第一章
现代审判的法状况

公的或私的目标的工具、手段或可用于交易交涉的资源和情报,"法"排他的或优先的位置并没有被视为共通的背景性条件。

在法律家中,律师参加预防法学和企业法务等审判外业务活动时,不同于法官,采用策略便利地将"法"用作诸多可以利用的工具、手段、资源或情报等之一种的观点不仅可能而且是必要的。所以,在诉讼过程中,法官和律师之间基于对"法"立场的差异会产生紧张关系,这种紧张关系尤其在围绕现代型诉讼和诉讼上的和解等的应对态度上会变得尖锐化。

虽然期待通过一方面积极应对政策形成诉讼,另一方面活用诉讼程序内和解等 ADR 等方式来扩大现代审判的作用,但这两个方向是否对立或者说应当在哪一方向上用力,这是重新规定司法审判作用时不得不作出的重要选择。即便现代审判确实已经不能再继续固守自我抑制型法治主义,但是以什么方式发挥政策形成功能或者把 ADR 纳入诉讼程序内呢,这是一个如同要件—效果模式与目的—手段模式、妥协性调整模式之间关系一样,涉及"法"自立存在理由的原理性难题,观点上呈现出错综复杂的严重对立景象。

在现代法体系功能扩大的前提下,为恰当应对法纠纷的复杂多样化基本上可能无法避免地要扩充审判的作用。但是,考虑到我国普遍主义型"法化"尚不充分、法体系和司法制度自立性存在根基尚且脆弱的实际情况,有必要慎重探讨沿着法工具主义或非正式主义战略[13]扩充审判作用时,是否有可能在不损害审判固有功能、继续坚持在保障当事人参加当事人主义程序前提下,通过正确认定事实和准确适用法律明确当事人间法的权利义务关系。而且,审判作用的扩充,是在坚持"法"核心特质的同时提高法制度的应对性与敏感度,还是使"法"核心本身空洞化、推进其扩散倾向、导致法体系和司法制度自立存在根基的解体,原因大概都是一样的。

进入90年代以后正式开始的司法改革不是仅仅局限于法曹集团内部专业技术或者利害关系调整的讨论,这些决定"法"的方向的根本性问题也有必要纳入讨论的视野。

(二)法律学与法思考知识环境的变化

审判制度面临上述问题状况和现代性课题以对现行司法审判是否可以一如既往地在法体系和纠纷解决中居于中枢地位的原理性疑问或者批判为背景,也同法律学和法思考所处的知识环境变化存在着密切联系。

---

[13] 关于法治主义、法工具主义及非正式主义,参见前注[11]田中成明书,第103—106页。也可以参照本章三。

第一章
现代审判的法状况

关于法律学的学问性质和地位，从自由法学运动和现实主义法学运动抬头以来，受本世纪社会科学各学科蓬勃发展的影响，经受了各种各样观点的批判并有改革建议的提出；而关于法的思考，作为特有的专业技术性实践智慧，对于法体系尤其是司法制度运行虽然必不可少，但是在现代它的传统知识地位已经发生动摇，有关其评价上分歧也很大。

一方面，罗伯特·阿列克西（Robert Alexy）和尼尔·麦考密克（Neil MacCormick）等人基于"特殊事例命题"的法的讨论和推论理论、罗纳德·德沃金（Ronald Dworkin）以"原理法论"为基轴的解释学上的"作为整体性的法"理论、平井宜雄基于"讨论"的法律学理论等都是适应各种现代条件对法律学在传统知识层面上的合理继承与发展，这种依据内在视点支持法的思考"制度化"而且具有相对独立性的方法，[14]一直获得了根深蒂固的支持。但是另一方面，川岛武宜"作为科学的法律学"所代表的科学志向[15]依然具有一定影响力，还有法与经济学方法、批判法学研究（critical legal studies）等由外在视点否定法思考自立性的还原主义也都产生了不可忽视的影响。受这些方法影响，可以看到有关法和审判的社会学、政治学及经济学研究都取得了惊人的进展，这就迫使人们不得不反思

---

[14] 就这些方法及其评价，参见前注⑪田中成明书，第14、15章、16章。
[15] 关于川岛法律学论的变迁，参见前注⑪田中成明书，第359—362页。

以审判中法庭辩论和判决作成为中心的传统法律学与法思考的狭隘视野[16],寻求把 ADR、行政事务、企业法务和预防法学等审判外的法实践也纳入视野的重构。[17]

这些围绕法律学与法思考存在方式的讨论也当然地反映到了大学法学教育上。与大学教育在法曹培养制度中处于稳定地位的美国与德国等国家情况不同,在只有部分本科毕业生会成为法律专门人才的我国,还受高等教育环境变化的影响,状况更加复杂。随着大多数法学部逐渐丧失精英培养场所的作用,过去法科万能时代基础性、系统性地教授法律家实践知识的方法正在丧失意义,大学法学教育呈现出目标发散的迷茫状态。

尤其是最近,确立了"政策学"可以作为新学部或学科等创设核心的学问地位,"交涉学"等新学问也随之开始出现,大学法学本科教育如何在与司法考试等法曹养成制度改革互动下确立自身的标准,这一问题正处于重大的分岔点上。我国法学本科教育在不考虑法曹人数的情况下增加入学人数,其结果或许说能够为日本社会应对整体"法化"提供人力资源供

---

[16] 就问题的大致状况,参见 Susan Silbey、Austin Sarat, "Dispute Processing in Law and Legal School: From Institutional Critique to the Reconstruction of the Juridical Subject", in 66 *Denver Uviv. L. Rev* (1989).

[17] 虽然有些陈旧,但目前还可以参考的资料田中成明:《法律家作用的扩大及其困境》,载《法律家》第 700 号(1979 年),第 247—255 页。

给,但是与司法专门人才培养之间的联系却一直在削弱。这是否有助于"法"在社会中生根,其效果并不确定。

法律学、法的思考和法学教育的现代重构确实是不可避免的,它也能为法体系和法文化的存在方式带来缓慢但却实实在在的变化。但是,关于重构的方向,如已经多次强调的那样,有必要留意它不只是"法"周边领域的调整,还涉及其核心部分的扩散或解体,很可能会招致自立存在理由或者特性的衰退。在思考现代审判的地位和作用时必须把知识环境的变动也纳入视野。

本书将依据以上简单描述的我国审判的"法化"状况,尝试基于对法体系自由地相互转移或者变换内在视点和外在视点的多个视角综合阐明和批判"法"的法理学立场,以如何应对政策形成诉讼与ADR扩充倾向这一题目为中心,就现代审判的地位与作用作一考察。

▶ 03
作为背景的"法化""非法化"讨论

(一)"法化"的三侧面与法的三类模型

1. 在现代社会"法"的不稳定性和不确定性增大的背景下,从70年代后半期以美国和德国为中心就已经开始对"法化"(legalization,Verrechtlichung)"非法化"(delegalization,Entrechtlichung)展开了激烈讨论。在这些国家,现代"法化"过剩前提下解决法体系和司法制度局限性的战略,逐渐朝着重视法的"程序化"、活用非正式规制或调整手法、司法运营中寻求积极活用或扩充 ADR 的方向强力推进。我国的基本问题虽然是"法化"不足和民事诉讼功能停滞,但也与这一发展相呼应,对 ADR 的评价也从传统认为它是残存"反法化"(anti-legalization,Gegenverrechtlichung)倾向的否定论向认为它是现代"非法化"倾向先驱的肯定论徐徐转变。

"法化""非法化"讨论的背景在于,随着对福利国家和社会国家下通过法推进社会正义实现的自由主义或社会民主主义的批判在70年代后半期逐渐高涨,新自由主义、新保守主义、自由至上主义(libertarianism)、社群主义(communitarianism)和女权主义等相继抬头,即使在自由主义或社会民主主义一侧也接受了这些挑战并寻求修正自己的轨道,这种政治思想体系或者说正义论的新发展尤其在美国 ADR 赞成与否定的对立讨论中得到显著反映。与这种发展相互重合,文化相对主义的影响力也逐渐增大,批判或怀疑重视自由和平等、权利和人权、立宪主义、法的支配等近代西欧普遍主义法的观念以及个人自律性、普遍性原理、一般准则、权利和公正等的"正义伦理"的论调,不仅在我国等非西欧国家而且在西欧各国内部也很强烈。⑬ 政治思想体系或者说正义论的这种动向同不仅怀疑"法"而且怀疑规范性和权威性的后现代主义相结合,就出现了对法体系与司法制度的自立存在基础与普遍妥当性要求这一尤其被视为近代西欧的事物进行批判或质疑的论调。

但是,尽管"法化""非法化"讨论有这种共通的背景,但仍然可以看到德国、美国及日本在讨论的争点和对立的结构上

---

⑬ 以上政治体系与现代正义论的动向,目前请参见大嶽秀夫:《自由主义改革的时代》,中央公论社1994年版,序章与第一部;田中成明:《法理学讲义》,前注⑪,第九章。

存在着非常复杂的差异,比较探讨起来并非易事。例如,德国和美国为应对"法化"过剩采取的"非法化"战略与日本"法化"不足情况下采取的"非法化"战略果真目标一致吗?它们是否能发挥同一功能呢?进一步来讲,"法化"要求与"非法化"战略究竟是否可以综合理解呢?甚至于在这些基本问题上也未必有共同的理解。

在这一节,我将基于自己的理解尝试就"法化""非法化"讨论进行整理,以提供以下各章考察的理论框架和原理立场。

2. 关于"法化""非法化"概念本身的含义,因各国法状况和各个论者关心的问题不同有很大分歧,内容上未必一致。在我国的法状况中,既可以看到与欧美相同的问题讨论,也有欧美理论框架涵盖不了的问题,所以直接导入欧美所关注的问题和理论框架是很难对之进行恰当阐述的。这里首先以日本现代法状况为中心,就本书考察所必要的基本概念作一整理,[19]以确认以现代审判为中心的问题状况的法理学意义。

(1) 关于"法化",我国经常也像哈贝马斯(Jügen Haber-

---

[19] 以下关于"法化""非法化"讨论以及法的三类型模式说明是基于田中成明《法理学讲义》第三章。由于省略了补充说明以外的注,所以具体内容请参见该书的相关内容。此外,也可参照田中成明:《日本法文化的现状与课题》,同前注①,第2—13页。

mas)、贡塔·托依布纳(Gunther Teubner)[20]等学者一样,以现代西欧法体系制度应对能力出现的问题为特定中心进化论地去理解其含义内容。但是,要整体上阐明"法化""非法化"讨论的多方面问题,像这样一开始就将"法化"含义内容过于特定化的做法是不恰当的。要从比较史或者法理学角度理解问题的状况,恰当的做法是首先将大致运用"法"解决问题都理解为广义的"法化",这样的法的运用基本方式就有立法(议会化)、行政规制(官僚制化)、诉讼(司法化),然后再从这种一般理解出发[21]深入探讨各个时代、各个社会或者各个法的问题解决中重视的是哪一种方式、它们是如何进行组合的。在利用广义"法化"概念一般性地把握某一社会"法化"程度、法化的不足和过剩、一定法体系和法文化整体特征的基础上,为了进一步具体论述现代"法化"的问题性及其应对战略,至少有必要区分"法化"的主要侧面和类型。

---

[20] Jügen Habermas, Theorie des kommunikativen Handeln, Bd. 2(1981), S. 522—48.(也可参见哈贝马斯:《交流的行为理论》(下),丸山他译,未来社1987年版,第358—381页。)Gunther Teubner, Verrechtlichung-Begrife, Merkmale, Grenzen, Auswege, in F. Kübler(Hrsg.), Verrechtlichung von Wirtschaft, Arbeit und sozialer Solidarität(1985). S. 289—344.(也可参见托依布纳:《法化——概念、特征、界限、回避策略》,樫沢秀木译,载《九州大学法学评论》第59号(1990年),第235—292页。)

[21] 参见 Marc Galanter, The Day After the Litigation Explosion, in 46 *Maryl L. Rev.*(1986), p. 14, Rüdiger Voigt, Verrechtlichung in Staat und Gesellschaft, in Voigt(Hrsg.), Verrechtlichung(1980), S. 18—23 等。

首先,从区分"法化"的主要侧面来看,社会认可什么问题为"法的"问题、法体系以什么方式去应对它才能够妥切地实现预期的社会功能,不仅受制于社会构造或社会关系的特质,而且还取决于法体系的制度容纳以及应对能力、一般人和法曹之间支配性的法文化与法观念,这些因时代或者社会不同会有相当大的差异。所以,要阐明决定"法化"的这三个主要因素之间的相互关系,有必要区分"法化"的三个侧面:① 以社会一侧的客观条件为中心,意指由于内部构造或关系的变动使得社会对法体系的必要性或依存性得以提高,法的要求亦会发生或者增大;② 作为"制度化"(institutionalization)侧面,是指应对一定社会要求的制度采用法的形态、强化法的性质、增加并使法规范或程序复杂化的"法制度化";③ "社会化"(socialization)的侧面是以法化与法观念为中心,把法的价值、原理、规范与程序等内化在人们的意识和行为中。[22] 尤其是像我国这样在不断继受不同文化背景的法体系进行发展时,有必要注意这些相互关系之间反映出来的差异。在德国

---

[22] ① 是六木佳平在《法社会学》(有斐阁1985年版,第158页、第248—252页)一书中的用法;② 如,Philippe Nonet, *Administrative Justice* (1969), J. Habermas, Theories des kommunikativen Handel Bd. 2, S. 522—48(也可参见哈贝马斯:《交流的行为理论》(下),前注⑳,第358—381页。)③ 如 Franz-Xaver Kaufmann, Rechtsgefühl, Verrechtlichung und Wandel des Rechts in Das sogenannte Rechtsgefühl: Jahrbuch für Rechtssoziologie und Rechtstheorie Bd. 10 (1985), S. 185—199.

和美国的讨论中就没有充分地注意到这一问题。

其次,无论"法化"的哪一侧面,要在现代"法"呈扩散倾向的前提下准确阐明其核心特质和自立存在理由,都有必要特定化它们各自是如何理解"法"的具体特质的。从这一观点出发,重要的是运用普遍主义型法、管理型法及自治型法的法的三种类型模式把广义上的"法化"进一步区分为普遍主义型法化、管理型法化和自治型法化三种类型,以阐明法动态的相互依存与对立紧张关系。

(2)法的三种类型模型是具有一定实践意图的模型,它们以相对化地对待西欧法同时继承发展其现代性意义为目标。这里先就其要点作一最低程度的必要说明(参见表1和图一)。

表1 法的三种类型模式

法的类型 特征	管理型法	普遍主义型法	自治型法
基本特质	实现特定政策目标的手段	一般性、自立性、形式性	非正式性 自生性
思考与决定方式	目的—手段模式	要件—效果模式	妥协性调整模式
法的过程	行政过程	审判过程	私的相互交涉过程
法的关系	垂直关系	三角关系(traid)	水平关系
应对新领域的战略	法工具主义	法治主义	非正式主义

普遍主义型法是狭义的典型的法类型。它是将近代西欧

法存在形态及其中居于支配地位的法的支配、立宪主义、权力分立制等制度原理一般化和抽象化基础上再构成的产物。普遍主义型法在法的空间中处于中枢地位,在形成"法"的核心的同时,也表明了识别其界限范围的基本属性。它的基本特征反映在四个层面:通过一般法规则规制权利义务关系的规范层面、立法和司法的原理性区分以及自立公正法院的制度层面、运用特有的专业技术及要件—效果模式适用法的技术层面、作为自律性职业共同体的法曹的主体层面。

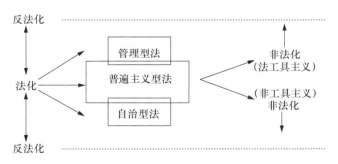

图 1　"法化"现象说明图

与之相对,管理型法和自治型法是扩大的广义的法类型。管理型法作为公权力机关实现特定社会政治、经济政策目标的手段,以目的—手段模式的制定或运用为特征;自治型法基于非正式的社会规范和社会一般正义与衡平感而生成并存在,以优先运用妥协性调整模式为特征。管理型法和自治型法虽然各自都呈现出不同于普遍主义型法的特有思想与理论,其中不乏紧张对立关系的一面,但是它们毕竟是作为"法"存在并运行的,如图1所示,必须共有同普遍主义型法上述四个层面基本特质相重合的机制。在没有这些共有基本特质、全面否定它们的自立存在理由时,不仅会令人怀疑管理型法和自治型法作为"法"的资格,而且这些法类型的日趋膨胀也容易整体上瓦解法体系的权威和正统性的根基、招致"法的死亡"。

随着现代社会法的要求复杂多元化,单纯依靠普遍主义型法体系已经不能恰当应对社会的"法化",为此有必要把管理型法和自治型法作为补充性调整装置,以灵活的构造在每个问题领域便利地使用这些方式来应对社会的法需求。不过,即使在这些场合,普遍主义型法仍然应当继续占据基础装置的地位。这样定位法的三种类型不是说赞同近代法治主义,认为近代西欧法在存在形态与制度原理上具有普遍妥当性或者说是最合理、最出色的,而是虽然充分认识到了它的局限或者说负面功能,但是认为像我国这样的非西欧国家也应当正确继承发展这些具有现代意义的普世性价值的原因。只要这样,就难以否认包含有法的支配、立宪主义和权力分立制等具有自由主义特点的近代制度原理模型。

而且,它不包含管理型法不好、自治型法好的一般性价值判断。为更好地应对高度复杂分化的现代大规模社会对法的多样要求,立法、行政及司法任何一个领域倒是都不可缺少对管理型法与自治型法的积极灵活运用，问题是它们的活用方式是提高了法体系的应对能力和敏感度、带来其结构的灵活，还是反过来招致法体系的核心空洞化、引起其自立存在基础的解体，如第四节说明的那样，这些都与运用或者利用它的人们基于什么样的法视角、从什么立场去参与法的过程有关。

（二）"非法化"及其三个应对战略

1. 基于以上就"法化"概念的整理，下面来说明"非法化"这一概念。与"法化"一样，"非法化"的使用方法上也存在着众多分歧。基本上，作为广义"法化"的相反概念，大致有两种情形：原则上否认"法"、想停留或游离于法的空间之外的倾向；在法的空间内弱化普遍主义型法的自立性、一般性和形式性的性质（非形式化［deformalization］）或背离司法审判原理与程序（非司法化［dejudiciation］）的倾向。[23] 这里，我把前者称为"反法化"，后者称为"非法化"，虽然也承认"反法化"是推进"非法化"的重要原因，但关键在于根据是否承认"法"内在视点上的自立存在理由而将这两者进行原理性区分。在德

---

[23] 例如，在比较讨论德国等是"Alternatives zum Recht"还是"Alternatives im Recht"时，基本可以认为这样区别就是争点。

国,也有很多情况下会把这里所说的"非法化"称为"法化""反法化"称为"非法化",一般认为上述区分尤其适合于理解美国和日本 ADR 讨论的复杂状况。而且,如此理解"非法化"概念时,如图1所示,来自于普遍主义型法的"非法化"为广义的"法化"所包含,存在着同管理型"法化"和自治型"法化"相重合的状况。这对于综合理解"法化"要求和"非法化"战略,阐明"非法化"倾向的多样性质具有重要意义。[24]

2. 以上述"法化""非法化""反法化"概念的整理为前提,如果将围绕各种法的程序、制度改革及法对新型问题的应对讨论中提出的各种各样战略,同法的三种基本类型模型相对应进行大致区分,可以有如下三种基本立场(参照表1):(1)重视普遍主义型法和要件—效果模式解决问题或者作成决定,具有自由主义价值的法治主义;(2)重视管理型法和目的—手段模式效率或便利地解决问题或者作成决定的法工具主义;(3)重视自治型法和非正式调整自发或者分权地解决问题或者作出决定的非正式主义。

这三种战略之间的相互关系同法的三种类型模型情况基

---

[24] 参见 M. Galanter, Legality and its Discontents: A Preliminary Assessment of Current Theories of Legalization and Delegalization, in Erhard Blankenburg(Hrsg.), Alternative Rechtsformen und Alternativen zum Recht: Jahrbuch für Rechtssoziologie und Rechtsthorie, Bd. 6(1980). S. 11—26. R. Voigt, Gegentendenzen zur Verrechtlichung, in Voigt(Hrsg.), Gegentendenzen zur Verrechtlichung: Jahrbuch für Rechtssoziologie und Rechtstheorie, Bd. 9(1983), S. 17—41.

本一致，固守法体系自立性、形式性及一般性的性质，全面排斥法工具主义和非正式主义的严格法治主义，已经很难恰当应对现代社会复杂多样的"法化"要求。在现代社会，一方面自觉意识到公共责任、有计划性的法工具主义的决定、控制与支援，另一方面增强私的个人与组织的自我决定和自我调整，通过强化以上述两方面为基础的非正式法网络，来实现法体系的结构灵活以及提高对社会或个人法需求的应对性和敏感度是不可或缺的。

但是，为此只是强调法治主义的局限或弊害等异化功能，轻视普遍主义型法和"要件—效果模式"在构成与规制"法"的存在或运行背景条件中的基础地位是不恰当的。为了不因法工具主义和非正式主义向两极分化或者短路结合导致法体系自立存在根基的解体，应当坚持以管理型法与目的—手段模式、自治型法与妥协性调整模式始终作为补充装置的柔性法治主义基本战略。

而且，在法制度上应对新型问题时，法治主义、法工具主义及非正式主义在法体系整体中基本上重视各自的司法过程、行政过程、自主性交涉或调整过程。但是，有必要注意在各个过程内部也能看到三种战略的相互补充乃至对立关系，如后详细叙述的那样，民事司法过程中也是如此。

具体考察以现代审判地位和作用为中心的主要争点之

前,接下来先根据以上"法化""非法化"基本概念的整理,通过同德国与美国讨论动向的比较来确认现代日本法状况整体的问题所在。

(三) 与德、美对比中看到的现代日本法状况

首先应当确认一下讨论背景的重要差异。德国和美国都是在社会结构、社会关系、法体系及法文化任何一个方面都已经高度"法化"的前提下,基本是为应对过度"法化"而展开"法化""非法化"讨论的;与之相对,我国是在整体"法化"不充分,法体系尚处于制度上如何应对社会结构、社会关系及法文化"法化"的状况下,受德国和美国影响接近"法化""非法化"问题的。[25]

---

[25] 以下说明是笔者拟另文探讨的德美日"法化""非法化"比较研究主要内容的简单描述。这里原则上省略了理论部分的注释,只限于与民事司法改革直接相关问题的注释。理论部分的大致情况,目前可以参见以下文献:R. Voigt, Verrechtlichung in Staat und Gesellschaft(前注㉑);Voigt, Gegentendenzen zur Verrechtlichung(前注㉔);G. Teubner, Verrechtlichung-Begrife, Merkmale, Grenzen, Auswege(托依布纳:《法化——概念、特征、界限、回避策略》,樫沢秀木译,前注⑳);M. Galanter, Legality and its Discontents: A Preliminary Assessment of Current Theories of Legalization and Delegalization(前注㉔);樫沢秀木:《介入主义法的界限及其程序化》,载《法的理论》10号(1990),第117—179页;村上淳一:《德国现代法基础》,东京大学出版社1990年版;望月礼二郎:《美国社会的法化》,载东京大学社会科学研究所主编:《现代日本社会(2)·国际比较》(1),东京大学出版社1991年版,第109—134页;服部高宏:《体系理论与法·法的思考》(1),载《国学院法学》第29卷1号(1991年),第2—12页。

1. 德国的"法化"讨论开始于 70 年代后半期,以卢曼(Niklas Luhmann)、贡塔·托依布纳(Gunther Teubner)等学者的系统论方法和哈贝马斯(Jügen Habermas)的行为理论方法为两大对立基轴逐步展开。它们基本上是在马克斯·韦伯"形式近代法的实质化"的格式化延长线上去理解"法化"现象,虽然主要都是以如何处理社会国家下行政法、社会经济法等管理型法规制与介入的局限或者说负面功能为中心,在基本应对战略上也都着眼于法的"程序化",但在具体战略上仍然显现出重大差异。

系统论立场强调在复杂的社会整体中法作为部分自立系统所具有的自我产出与自我组织特性,作为对社会各个生活领域运用内部自我反省机制进行自我控制的一种间接控制,它的目标是重新定义法规范的封闭性和认知的开放性或者说内部的自我言及和外部相互干涉之间的关系。与之相对,行为理论立场上把法体系的程序主义理解纳入到民主法治国家对讨论理论的理解之下,将依据宪法的立法、行政及司法过程整体上作为以讨论原理为前提进行公正交涉的合意形成程序,试图解决"法化"导致的保障自由和剥夺自由间的相互冲突。[26]

---

[26] Vgl. J. Habermas, Faktität und Geltung(1992).

与这种"法化"讨论直接或间接相关,虽然在德国审判、法适用、法的讨论及法教义学等方面也能看到应当予以关注的、对民事司法状况有影响的理论研究㉗,但"法化"讨论中却几乎没有人关注司法改革。例如,托依布纳等人就断言,在美国已经成为强大潮流的"非司法化""非正式主义与正义"方案在德国都是边缘而且没有真正讨论价值的论题。㉘ 而且,1976 年"简化法"以后所谓的以减轻司法负担与诉讼迅速化为主要目的的民事司法改革也是由司法部主导推进的。受美国等的研究影响虽然对 ADR 的关心度在逐渐提高,并将之作为"非法化"一环予以论述㉙,但是大体上可以看出它在"法化"的主流研究中并没有那么重要的地位。

在我看来,同样的国家法下普遍主义型法和管理型法之间的区别与紧张关系在德国几乎没有作为问题,基本上是法工具主义处于支配地位,而后者认为社会国家的管理型"法化"是不可避免的。非正式主义只是被赋予了促进这种"法

㉗ 例如,在我国也引起关注的理论有卢曼的审判理论(法教义学论)、托依布纳的一般条款理论、罗伯特·阿列克西(Robert Alexy)的法的讨论理论以及克劳斯·京特(Klaus Günther)的讨论理论的法适用等。

㉘ Vgl. G. Teubner, Verrechtlichung-Begrife, Merkmale, Grenzen, Auswege(托依布纳:《法化——概念、特征、界限、回避策略》,樫沢秀木译,前注⑳,第 245 页)。

㉙ 参见吉野正三郎:《汉斯·普维庭〈调停能够代替审判吗〉评介》,载《判例时报》第 563 号(1985 年)。

化"、应对其局限或者说弊端的手段性地位,它未必是对法工具主义的抵抗乃至于批判。

即使对于民事诉讼法,在简化法成立前后虽然也能看到以通过强化法官权限、实现社会国家实质正义为目标的社会民事诉讼理论与传统自由主义诉讼模式支持论之间的论争㉚,但因为由法官积极进行诉讼指挥的管理型司法运营倾向本来就强,所以基本上可以认为 ADR 是作为司法运营效率化的一环而被导入并活用的。从根本上追问法体系与司法制度、法的思考与法曹存在理由的"反法化"倾向无论在"非法化"讨论还是民事司法改革讨论中几乎都没有显现出来。

2. 在美国,从 70 年代前期开始,以富勒(Lon. L. Fuller)作为法内在道德予以支持的"合法性"(legality)、朱迪丝·N. 施克莱(Judith N. Shklar)所批判的法治主义等为背景,行政过程和企业内部纠纷处理过程的"法化"方式被作为了问题。㉛但是,像德国一样关注"法化"过剩应对的讨论活跃起来却是 70 年代中期以后,批判运用法或诉讼的平等主义社会改革、以非法行为诉讼为中心的诉讼爆炸等声音开始高涨之后的事情。

㉚ 参见吉野正三郎:《西德辩论主义的论争》《西德民事司法的现状及课题》,收录于其著:《民事诉讼中法官的地位》,成文堂 1990 年版。

㉛ 参见 L. L. Fuller, The Morality of Law, 2nd, ed(1969);Judith Shklar, Legalism(1964)(茱迪斯·史珂拉《法治主义》,田中成明译,岩波书屋 1981 年); Philip Selznick, Law, Society, and Industrical Justice(1969)。

第一章
现代审判的法状况

与德国不同的是,司法改革在美国的"法化""非法化"讨论中处于中心地位,虽然它沿袭了以前社会改革中扩充贫困者的法律救助、使集合性或扩散性利益的司法救济实效化等"法化"要求,但是值得关注的是 ADR 作为"非法化""非司法化"的主要策略受到了重视。近邻正义中心等法院外程序、法院内附设仲裁或调停程序、将审判程序协议等纳入诉讼程序内都被作为了 ADR 的主要方式,因此 ADR 的扩充是非常显著的。[32]

进入 80 年代以后,在应对因诉讼案件增加、滥用发现程序等引起的诉讼迟延、费用高昂及复杂公共诉讼增加等基本的"法化"过剩时,美国司法改革逐渐展开了以强化"案件管理"(case management)为基础的改革,以期通过法官积极参与诉讼运营来实现纠纷的公正迅速解决。这一方案重视灵活地运用审前协议及向法院附设仲裁与调停的分流,1990 年司法改革向这一方向迈出了决定性的一步。[33]

---

[32] 这类文献众多,一些重要的在相关地方都会提及。这里请先参考一些概述性文献,如吉村德重:《审判外纠纷处理的动向及分析》,载《法政研究》第 51 卷 3、4 号(1985 年);大泽秀介:《美国替代性纠纷解决运动的考察》,载《法学研究》第 61 卷 5 号(1988 年);山田文:《审判外纠纷解决制度中的程序性考量》(1~3),载《法学》第 58 卷 1、2、5 号(1994 年)。

[33] 参见加藤新太郎:《法官作为管理者的光和影》,载《法律家》第 953 号(1990 年);吉野正三郎、安達栄司译:《美利坚合众国法官的作用》,载《法律家》第 953 号(1990 年);桥本聪:《纠纷处理的柔性化和多样化》(1、2),载《民商法杂志》第 105 卷 3、4 号(1991—1992 年);古闲裕二:《美利坚合众国的民事司法改革》,载《法曹时报》第 45 卷 11、12 号(1993 年)等。

在这样地推进民事司法改革和扩充ADR的过程中,民事纠纷解决过程中"法影响下的交涉"现象逐渐引起关注。㉞ 在民事诉讼中,联邦民事诉讼案件达到判决的情况还不足10%,判决程序与和解交涉的区别变得模糊,如果借用马克·加兰特(Marc Galanter)的话,甚至可以说民事诉讼变成了"诉讼性交涉"(litigotiation)*。㉟

但是,对ADR的扩充倾向不仅有严厉批判,而且在ADR推进论者之间也可以看到非常复杂的相互补充乃至对立关系,思想背景也从自由主义到自由至上主义(libertarianism)、社群主义(communitarianism)及女权主义(feminism)等多种多样。而且,有关ADR的目标也由认为它是有效实现管理型"法化"的战略手段之一,到认为它是以实现纠纷解决过程质

㉞ Cf. Robert H. Mnookin & Lewis Kornhauser, "Bargaining in the Shadow of the Law: The Case of Divorce", *in* 88 *Yale L. J.* (1979), p.50.

* "litigotiation"是马克·加兰特在其著述中创造的一个词语(Marc Galanter, Worlds of Deals: Using Negotiation to Teach About Legal Process, 34 J. LEGAL EDU. 268 (1984).),意指具有动员法院追求程序特点的和解。国内有学者将其直接译为"诉讼和解"(参见范愉:《诉讼调解:审判经验与法学原理》,载《中国法学》2009年第5期)、也有学者将其译为"诉讼调解"(参见汤维建:《英美陪审团制度的价值论争——简述我国人民陪审制度的改造》,载《人大法律评论》2002年第2辑,中国人民大学出版社2000年版)。本书译者以为,加兰特的创造是对过程的强调,与我国法律语境下对"诉讼和解""诉讼调解"的理解是有实质区别的,所以这里保留日文的译法,将其译为"诉讼性交涉"。——译者注

㉟ Cf. M. Galanter, "... A Settlement Judge, not a Trial Judge:" Judicial Mediation in the United States, in 12 *J. of Law & Society* (1985), p.1.

的转换为目标的"反法化"战略之一环节,存在着根本差异。㊱

在美国上述围绕民事司法改革的"法化""非法化"讨论中,传统确信当事人对抗主义诉讼程序的判决解决是实现正义最良好制度的法治主义观念,甚至在处于指导地位的法律家和法学家之间也明显地得到削弱。一方面,将诉讼程序战略地运用为实现一定公共政策目标和解决私人纠纷手段之一的法工具主义逐渐向一般化扩展;另一方面以社会学和政治学方法为中心,原理上对传统当事人对抗主义程序运用判决一刀两断解决权利纠纷的法的解决方式持批判态度,具有非正式主义特点的"反法化"倾向在急速增强。

3. 在我国,传统的"反法化"倾向很强,明治以后继受德国型大陆法的法体系近代化是以行政和警察主导的管理型"法化"为基调展开的,普遍主义型"法化"在所有方面都明显滞后。第二次世界大战以后虽然以美国法体系为模型进行了宪法与司法制度改革,但是普遍主义型法的精神并未渗透到法实务和一般人的法文化中,依然是管理型法运用和"反法化"的倾向根深蒂固。

我国接受上述德国和美国的影响,开始讨论"法化"这一问题是进入80年代以后的事情。这种讨论并不是外国理论

㊱ 参见山田文:《审判外纠纷解决制度中的程序性考量》(1),前注㉜,第57—68页。

的简单介绍与探讨,而是结合我国法状况展开的分析和讨论。在讨论中,既有阐明和批判"反法化"倾向是妨碍社会结构与关系"法化"主要原因的,也有批判法制度上没有恰当应对社会"法化"的司法政策等。不过,基本上可以认为是继承与发展以川岛武宜为代表的战后日本社会和日本人法意识民主化和近代化问题意识的论调处于支配地位。㊲

在同德国和美国的讨论状况进行比较时,如果考察弗里德曼(L. M. Friedman)或加兰特(Marc Galanter)指出的"过多法律家""过多法律""过多诉讼"的"法化"三类型㊳,虽然在"过多法律"上可以看到类似的倾向,但是就"过多法律家""过多诉讼"实际情况却相差很大。一方面,尽管一直有观点批判法律家人数不足是妨碍我国法体系向社会渗透的致命缺陷,也是我国民事诉讼功能停滞和妨碍接近司法的主要原因,但是并没有采取有效的改革措施,直到最近才终于启动司法考试改革;另一方面,与欧美相比我国人口与诉讼案件数的比率

㊲ 参见樫泽秀木:《介入主义法的界限及其程序化》,前注㉕,第130—133页;田中成明:《日本法文化的现状与课题》,前注①,第3—7页;田中成明《现代日本的法制化问题》及围绕该文与哈贝马斯之间的意见交流,参见河上等主编:《法制化与交流的行为》,未来社1987年版,第91—138页。

㊳ Cf. Lawrence M. Friedman, Total Justice(1985), pp. 7—23., M. Galanter, Law Abounding: Legalisation Around the North Atlantic, in 55 *Modern L. Rev.* (1992), pp. 1 ff. esp. pp. 4—13. 也可参照望月礼二郎:《美国社会的法化》,前注㉕。这三人对于如此看待美国社会均持批判性观点。

并不高,欧美当然成为诉讼的纠纷在我国未必进入诉讼;而且即便这些为数不多的诉讼,多数也是法庭辩论形骸化,处于慢性延迟的状态。因此,在我国无论如何也不能说普遍主义型法所需要的民事诉讼作为纠纷解决机制已经扎根并正在充分地发挥功能。

在普遍主义型"法化"的前提条件如此不完备的情况下,在应对社会"法化"时重视起了行政的规制和保护、审判外ADR的活用与扩充等以管理型"法化"和自治型"法化"为基轴的战略。例如,在这次民事诉讼法的修改中,虽然主要目标是充实审理,但重点却基本放在了诉讼上和解的活用、辩论兼和解制度化等"非法化""非司法化"战略上,这种战略易于获得实务家和一般民众"反法化"倾向的支持,可以没有障碍地得以推进。

问题是,在诉讼和法律家的法体系制度层面和主体层面背景条件存在重大差异的情况下,对于德国视为应对"法化"负面功能策略的法的"程序化"和非正式调整手法、美国作为"非法化""非司法化"战略受到关注的各种ADR主要方式,说是因为继续活用我国已经存在的、同它们类似的先驱程序或习惯,就像德国和美国那样去批评或者评价它们的意义和功能是否恰当呢?不容否认在法体系和司法制度面临的问题上确实可以看到与近代法向现代法转变相伴的"非法化"倾向这种共同特性,但是也应该看到社会或文化传统的"反法化"倾向、行政优位的管理型法的运用、普遍主义型司法制度脆弱且游离于社会之外这些难以忽视的特殊性。

在探讨如何综合阐明这些共通性和特殊性从而使法体系与司法制度以能够应对国际化的形式植根于我国社会的课题时,从民事诉讼传统上一直处于法的中枢地位来看,民事司法改革具有左右方向的重要意义。

在联系"法化""非法化""反法化"讨论考察现代日本民事司法的问题状况时,令人担心的是普遍主义型"法化"无论对法体系运用者还是对一般民众都没有充分渗透或者接受之下,继续传统"反法化"意识支撑的"非法化"倾向、回避普遍主义型法的思想和理论、强化向管理型法和自治型法的两极分化或者两者的短路结合,是否会引起"法"的衰退或者死亡呢。

民事诉讼是依据一般法规范、遵循公正程序、运用当事人间自律的法庭辩论解决个别纠纷的普遍主义型法机制,这一程序过程的活性化对于确立法动态的相互主体立场具有重要意义。尽管如此,但是应当作为当事人主义程序精髓的口头辩论的形骸化,一般运用的还是依靠法官职权主义考量和权威主义决定的管理型法,而且还根深蒂固地残留着回避诉讼、认同各种非正式纠纷解决程序的自治型法文化。

现代型诉讼在含义上具有两面性,一方面通过当事人的主动性灵活地运用法庭辩论、促进遵循自治型法自律思想和伦理的审判运行不仅自主解决当事人之间个别的纠纷,而且广泛地影响政策形成;另一方面也期待法官的职权主义考量、强化并促进管理型法的审判运行。再者,继续广泛利用法院内调停、诉讼上的和解等 ADR 及将辩论兼和解一般化的实务惯例,虽然作为与欧美相同的现代"非法化"倾向有矫正普遍主义型法局限和缺陷的一面,但也有同传统"反法化"意识相重合、妨碍普遍主义型法思想和理论向民事纠纷解决过程渗透的一面,所以终究是双刃剑,不能放手去做,这是实际情况。

目前正在修改的民事诉讼法㊴接受现有法院和律师的人力物力条件为既定前提,放弃了依照普遍主义型法思想和理论完备审判实务基础的努力,结果就令人担心这是不是在向着缓和普遍主义型法规制、事实上承认现实审判实务中由管理型法包围的自治型法方向推进呢?

进入 90 年代正式开始的民事司法改革动向集中出现了上述"法化""非法化"讨论的主要争点,这些乍看起来是专门技术争点的背后都蕴含着对"法"自立存在理由的原理追问。我国民事司法正不可避免地迎来要把这些背景和射程也纳入考察视野的重大转折期。

㊴ 这里目前正在修改的民事诉讼法是指日本现行民事诉讼法的修改过程。因这次修改完成于 1996 年,1998 年开始实施,所以一般称之为"平成八年(1996 年)修改"。它是对民事诉讼法整体进行的一次修订。

04
对现代法的立场和民事诉讼的地位

(一)相互主体立场与对话合理性标准的法的"制度化"

1. 不仅司法制度而且法体系整体而言,都是在"法化""非法化"倾向相互补充或者对立的复杂关系中交错前进的。其中各种法改革的原理立场终究是在谋求充分发挥"法"的核心作用以及使它扎根于社会的同时,提高法体系与司法制度应对社会和个人多种法需求的能力与敏感度。这时,在社会高度复杂化、人们的价值观与利害关系多元化的现代诸条件下,最重要的是不要把法体系和司法制度作为国家以强制权力为背景进行单方行为规制或裁断纠纷的强制命令体系,而是理解为具有不同意见或利害关系的人们在公正程序下通过自主交涉和理性讨论进行行为调整的场所,确立并强化依据

相互主体立场运用它们的态度。㊵

在各种法制度设立和运行时,在人类社会现实条件下确实不可缺少以国家强制力为背景的行为规制与纠纷裁定。但是,现实中运用强制力有效地进行社会控制或者纠纷解决还是有局限的。在现代,如果依据法制度规定标准与程序进行的行为调整或问题解决不尽可能自立于保障其实现的权力,构筑规范立场上进行相互主体活动的独自知识范畴,那么法体系坚持其自立存在与运行机制、提高对社会和个人多样法需求应对能力与敏感度的难度就会加大。

当然,要使现代法制通过相互主体活动的活性化实现公正并且顺利的运行,运用法的标准或程序有效地规制国家强制权力的行使,在权利行使是否恰当产生争议时通过依据这些法的标准与程序的讨论或决定使之正当化,这一过程合理的结构化、制度化是必不可少的。在这样的背景条件下,理想的状态是谋求合意形成的行为通过依据法的标准与程序进行的自主交涉和理性讨论在法体系运行中发挥中心作用,国家强制权力只是停留于间接地促进或者从外部保障这些合意的形成与实现。

㊵ 对现代法这种以强制命令模型向讨论或交涉论坛转换为基调的立场的详细说明,请参照田中成明:《法的空间:强制与合意的狭窄空间》,东京大学出版社1993年,尤其第1章、第2章、第6章。

法制度的运用者有必要采用不拘泥于现行制度框架的灵活态度,既能结合利用者现实的个别需求认识或检讨其局限及缺陷,必要的时候又能因应需要对之进行修正。但是,由于法制度把一般性地规定公权力行使标准与根据作为其重要的社会存在理由,所以各种制度在能够应对个别需求的能力上是存在一定限度的。法曹专业性参加以司法为代表的法制度运用的能力,可以在这种一般性和个别性的紧张关系中运用智慧寻求恰当解决的职业活动中显现出来。

尤其是伴有公权力行使的法制度运用,必须以立足于现行法体系有关的内在视点的规范活动为基轴展开。把法运用过程还原为其利用者相互私人或者个别关系一函数的做法是不恰当的,它既是对将法作为独立的规范体系分化独立而来的近现代社会复杂结构的无视,也很可能引起"法"的核心扩散及其存在基础的解体。在围绕法制度设立、运营及利用的公与私、一般性和个别性的对立紧张关系中,与其说不偏向任何一方,倒不如说应当谋求灵活弹性地处理这种紧张关系。

2. 为了确立对现代法的这种相互主体立场,我一直把法体系和法实践理解为是由合意、讨论及程序三幅对*构成的"对话合理性"标准依据法的观点予以"制度化"的产物,以尝

---

* 三幅对是指三幅构成一组的挂幅,引申为由三个构成一组的事物。——译者注

试阐明其知识范畴和内在构造。然后,结合对话合理性于法上"制度化"的"讨论与交涉论坛"理论及前一节说明的法的三类型模型,分析日本法体系、司法制度、法实践及法律学现状并提出改革建言。但是,面对一直获得启发的欧美理论自身在发展、讨论结构和争点在变化,作为分析对象的日本法状况也在变动之中,有时也感觉到有必要就各个理论与模型的内容、两者之间的关系等进行重新探讨或者修正。

关于对话合理性标准的法制度化的理论和法的三类型模型之间的关系,它们原本是基于不同的问题关心开始使用的,不得不承认有不匹配与不透明之处。[40] 基本而言,对话合理性的法制度化理论是提供法体系与法实践整体知识范畴基础的理论;与之相对,法的三类型模型是阐明法的制度化形态特质的理论。对话合理性的法制度化理论与任何一种法的类型都没有联系,它是规定由三种法类型各种组合构成的法体系与法实践的存在状况的理论。

对话合理性的法制度化理论虽然与普遍主义型法最有亲近性,但我觉得限定地认为对话合理性的法制度化就是普遍主义型法的看法是不恰当的。也有观点认为它与重视自治型法有关,有一时期我也这么认为,但现在我觉得不能一概

---

[40] 对这一观点的批判,参见樫泽秀木:《介入主义法的界限及其序程化》,前注[25],第125—127页、第131—132页。

而论。㊶ 理由是自治型法多种多样，未必一定会促进个人的自律性以及在此基础上的自主相互行为，还有可能妨碍对话合理性法制度化，所以不能一概而论。对话合理性"法的"制度化的社会存在理由应当是，首先在运用普遍主义型法基本框架抑制管理型法的肥大和恣意运用、确保其公证运行基础上，确立以扩大和强化自律的自治型法为目标的背景制度。

　　对话合理性标准的法制度化的理论，是设定一定的理想模型，从其制度化的观点去把握法体系或法实践，法的讨论和法的交涉应当通过这种模型和标准提供制度上的框架与方向。对其论述合理性或者正当性的方法本身，也有从完全不承认所谓规范自立存在理由的意识形态批判论和事实还原主义立场批判它不现实的。但是，以从多个立场自由地相互转移或转换对法体系与法实践的内在视点和外在视点为特色的法理学考察，虽然也有从外在视点的考察，但它并不能停留于此。就作为规范体系的法而言，以它的理想状态作为视角，然后依此进行分析与批判，从内在视点阐明其实现的可能性和

㊶ 我在《围绕审判的法与政治》（有斐阁、1979年）等书中使用的"自律型法"，在《现代法理论》（有斐阁、1984年）、《现代日本法构造》（筑摩书房、1987年）等书改用"自治型法"，就是为了明确这一点。同时，依照之后法思想、法理论问题状况的变化，"普遍主义型法"也不再使用"普遍型法"，希望能彻底引起对"普遍主义型法"的注意。由于其宗旨未必能够被理解，还考虑过改为"自立型法"是否更好些呢。

第一章
现代审判的法状况

条件等,正是法理学考察存在的理由。当然,法理学考察也要把包含对立紧张关系的理想和现实全部纳入视野,所以还应当留意理想和现实之间的平衡。但是,谋求这种平衡的方式相当困难,关键在于尤其注意不要放弃批判的功能、变得过于迁就现实。

这里,虽然不再就对话合理性标准本身及其法的"制度化"的整体结构进行说明,但是作为整体倾向,随着现实应对性的增强,可以看到合意、讨论和程序这些主要概念重心在按照"合意→讨论→程序"的方向逐渐转移。哈贝马斯理论中"真理的合意说"→"讨论伦理学"→"程序主义法理论"这种关心内容的转移等可以视为其典型例。所以,就"法化""非法化"讨论中法的"制度化"的理解几乎与这一倾向相平行,可以看到理论展开也在从实体法规范的实体层面规制在向重视审判程序等程序面拘束,进一步向包含实体法在内的法规范全体的"程序化""过程化"理解的方向发展。[42]

---

[42] 关于哈贝马斯观点变化及其背景、问题点分析的日文文献,参见藤泽贤一郎:《哈贝马斯的真理论》,载德永恂主编:《法兰克福学派再考察》,弘文堂1989年版;平井亮辅:《正义、对话与民主政治》(1)(2),载《法学论丛》第130卷2号、4号(1991年—1992年);平井亮辅:《正义与交涉》,田中成明主编:《现代理论法学入门》,法律文化社1993年版等。可以看出显然受这种倾向影响的文献有山本显治:《契约交涉关系法构造的考察》(1~3),载《民商法杂志》第100卷2号、3号、5号(1989年);山本显治:《契约规范的获得及其正当化》,载《谷口知平先生追悼论文集》(2),信山社1993年版;山本显治:《契约与交涉》,载田中成明主编:《现代理论法学入门》,法律文化社1993年版。

由于这一理论发展同民事诉讼地位和作用的讨论动向也具有密切联系,这里稍微就此问题作一分析。

(二) 民事诉讼在讨论与交涉论坛中的地位

民事诉讼作为解决私人纠纷的"最后手段"(ultima ratio),是由法官和双方当事人三者关系(triad)构成的程序,在公权力行使的垂直关系和自主的相互作用活动的水平关系上交错展开。所以,根据法官和当事人之间作用分担的规定方式及构造它们之间交错关系的程序保障方式,民事诉讼程序过程如果能成为突出强制规制与裁定体系方面的场所,那么它也能够成为强调讨论与交涉论坛方面的场所,并且民事诉讼程序过程作为一般公共制度理论和私人个别当事人需求之间的连接点,它的改革方向极大地左右着法体系整体的存在状况。

下面就以由强制规制与裁定体系向讨论与交涉场所的立场转换中占有重要战略据点地位的民事诉讼程序过程为中心,就合意、讨论和程序这一对话合理性标准的三个主要概念在法的"制度化"过程中所出现的主要争点进行说明[43],以首先

---

[43] 关于对话合理性标准及其法"制度化"整体结构和主要论点的归纳,参见田中成明:《法的空间》,前注㊴,尤其第 18—34 页。

确认本书考察背景的原理问题。

1. 首先,就"合意"而言。由于法体系在各种局面下都同国家强制权力的行使具有密切联系,所以综合理解合意和强制之间的关系原本就不是一件容易的事情。而且,在现代,国家的强制已经不再限于刑罚与损害赔偿等负面制裁,随着给付补助金与税收优惠措施等正面制裁的增加,它已从直接措施向间接强制扩散与变化,这也使合意和强制之间的相互关系更加复杂。⑭

就民事纠纷解决过程而言,尤其成为问题的是如何理解"由强制到合意"或"取代强制的合意"与"运用合意对强制的控制或使之正当化"之间的关系。前者将强制和合意之间的关系单纯化,在法体系的运行中尽量排除强制契机并追求以合意契机为中心;后者则是追求通过某种合意的契机去控制强制本身或使之正当化。在法体系运行中,虽然基本上是期望能够尽可能地渗透前一种关系,但是现实中是不可能完全排除强制契机的,最终一定会残留后一种关系,而且这两种合意的类型和作用样式具有渐次转移的关系和原理差异,如果忽略两者的紧张关系,简单化地进行统一理解,就很容易错误理解法体系运行中强制与合意之间的复杂

---

⑭　具体内容参见田中成明前注㊴书,尤其是第 2 章、第 4 章。

结构。

在民事纠纷解决过程中,磋商等审判外自主解决、法院内调停、诉讼上和解、法庭辩论及判决等虽然都有合意的作用发挥,但各种合意的类型和作用方式是稍微有所区别的。在这里,暂且不论合意跨越理念、规范、制度及事实层面的多层次存在结构,先将合意区分为就对立的理由赋予是否恰当及其优劣进行讨论并最终相互承认何种理由赋予正当的类型,以及如果围绕各种论据相互调整意见与利害能够形成某种妥协就暂且以此为准的类型,以指出问题的所在。

以前者严格附理由型合意为目标的,只有经法庭辩论作出判决的典型诉讼过程等极少数过程;在其他的法过程中,通常是以后者妥协形成型合意为目标就足够了。所以,如果从哈贝马斯那样以严格附理由型合意为实践的讨论目的立场来看,可能只有典型的诉讼过程可以认为是实践讨论的制度化,除此以外的法的过程基本上只能作为"公正妥协"的场所。㊺并且,由于典型诉讼过程最终也是以法官的权威决定来解决纠纷的构造,所以通过附理由型合意说明判决的正当性理论上虽然非常可能,但直观上或者常识上却有不可能之处,最终

㊺ 关于这一问题,参照平井亮辅:《妥协问题》,载山下正男主编:《法的思考研究》,京都大学人文科学研究所1993年版。J. Habermas, Faktität und Geltung(前注㉖)一书中展开的法理论基本上可以认为是持这一立场的。

正当化标准的重心不得不转移至是否在穷尽公正程序保障下的理性讨论的程序过程上。

在把握包括诉讼上的和解在内的民事诉讼程序过程时，如果将历来的"判决—强制、和解—合意"这种对比模式相对化，那么即使在诉讼程序展开过程及其结果正当化本身，尽可能以合意取代强制的转换为目标也是可能的。但是，现实地全面排除强制契机使其仅以合意的契机为基础却是不可能的。由作出判决的法官主持下进行的诉讼和解是不能与法院内调停及其他以当事人合意为基础的 ADR 相提并论的。正当化诉讼上和解的合意形成是不可能完全自由地摆脱强制性判决与法官权威影响的，别说合意取代强制，就连强制促进合意这一侧面也不能忽视。而且，以和解为目标的合意虽然历来被视为主要是依据判决解决的成本与收益计算基础上的妥协（compromise），但是最近也出现了主张超越判决解决的理想性调和（reconciliation）的观点。合意和强制之间的关系进一步变得复杂微妙。

我觉得不只是我国民事司法改革讨论，就是在德国的"法化"讨论和美国的 ADR 讨论中，主流论调对强制和合意之间的紧张关系及其短路结合问题的认识也都比较薄弱。

2. 其次，关于"讨论"，民事诉讼程序过程一直被认为是由双方当事人依据共同的法规范、遵循规定的正式程序、围绕什么是法的正确解决进行讨论,法官据此作出一定决定并使之正当化的规范性过程。但是,将和解纳入程序过程不仅会模糊诉讼与和解之间的界限,而且即便在要求一定判决及其正当化时,妥协性调整模式的分量也会增加。进而,与诉讼同和解的这种融合趋势相重合,随着纠纷的复杂多样化,民事诉讼"非讼化"倾向的推进,纠纷解决中不得不依靠法官运用目的—手段模式裁量的领域呈增加趋势。这种由法官主导的管理型"非法化"倾向也影响到了通常案件的诉讼运作、判决正当化的法理构成及参与和解交涉的方式等。

即使就法的交涉技法,通过以各自合理选择实现效用最大化为目标的当事人间利害调整来寻求妥协解决的、重视自由主义和法经济学的战略交涉,加之重视共同体主义和女权主义、以发现并统合各个当事人的真正需求、提供多个选择项、形成相互满足关系为特点的问题解决型交涉,也因与ADR讨论有关而逐渐受到关注,要求重新探讨它们和以传统要件—效果模式为基轴的法的讨论之间的异同与关联。[46]

---

[46] 整体而言,请参见太田藤造:《民事纠纷解决程序论》,信山社1990年,前言和第三章。此外,自由主义(及法与经济学)交涉论,请参见小林公:《合理的选择与契约》,弘文堂1991年;共同体主义交涉论,参见内田贵:《契约的再生》,弘文堂1990年版;内田贵:《现代契约法的思想基础》,载《私法》第54号(1992年);内田贵:《现代契约法的新发展与一般条款》(1—4),载《NBL》第514—517号(1992年)等。

如果不限于诉讼过程地整体来看法的过程，那么不仅附理由型合意而且妥协形成型合意都发挥着重要作用，而且后者反倒还处于第一次的地位。所以，在采用把讨论限定在以附理由型合意为目标、使之区别于以妥协形成合意为目标的交涉的场合下，就有必要多层次地将法体系理解为"讨论与交涉论坛"或者是"需要讨论的交涉论坛"。在现实的法实践中，由于讨论和交涉之间难以区分，相互重合的场合也很多，所以或许可以直接将其视为"对话性调整的论坛"。但是，法的讨论以决定什么在法上是正确的规范活动为特征，无论基于什么立场理解交涉[47]，它与交涉都存在着原理上的差异。所以，虽然有必要将交涉技法纳入法的讨论以充实其内容，但是把讨论还原为交涉就是否定和瓦解"法"的自立存在理由，无论对法体系与法实务是参与还是保持一定距离，只要从内在视点来看就很难获得支持。

在这一点上，民事诉讼也有观点提出，让它不仅与各种

---

[47] 就这一问题存在着各种各样的见解，参见小岛武司主编：《法交涉学入门》，商事法务研究会1991年版，第3—11页、第220—228页；山本显论：《契约规范的获得及其正当化》，前注[42]，第92—93页；山本显论：《契约与交涉》，前注[42]，第48—76页；内田贵：《现代契约法的思想基础》，前注[46]，第57—58页；内田贵：《现代契约法的新展开与一般条款》(4)，前注[46]，第36—40页；水谷畅：《纠纷当事人的作用》，载《讲座民事诉讼法》(3)，弘文堂1984年，第31—61页；龙奇喜助：《民事诉讼的言语和斗争》，载《民事程序法学的革新》上卷，有斐阁1991年，第55—68页。

ADR自主纠纷解决活动互动而且与诉讼上的和解相融合,实现它由讨论场所向交涉场所转换。㊽ 一般来说,虽然绝不否认赋予源于法的讨论、相对自由的法的交涉,以正当的法的地位设定,在强化扩充法体系与司法制度的社会基础中具有第一次的重要性,但是至少在法庭辩论和判决中承认围绕法是否正确的讨论具有优先地位并制约交涉内容,这对法体系整体上公正而且实效运行可能是必不可少的。把诉讼本身也转换为交涉场所,是对确保诉讼外法的交易交涉公正最后屏障的放弃,会带来"法的支配"的衰退。

3. 最后是关于"程序"。在最近就规范的正义论和"法化""非法化"展开讨论时,强调保障和充分满足一定程序条件不仅对法的决定的正当化,而且在法体系整体的存在和运行中也具有决定性重要地位的趋势在进一步增强。

作为规范的正义论的环节之一,在以程序正义在法体系中的作用为问题时,就一定程序条件充足的正当化作用,理解为是不限于诉讼程序、贯穿法的程序全体、基本上是罗尔斯所说的"不完全程序"正义的事例,认为它确保了依照一定实体法标准就每个结果的具体内容是否恰当进行争执的余地,这种观点是恰当的。当然,即使在诉讼中,在所谓复杂诉讼等场

㊽ 参见井上治典:《民事程序论》,有斐阁1993年版;和田仁孝:《民事纠纷处理论》,信山社1994年等。也可以参照本书第二章。

合,不容否认也会存在着"疑似纯粹正义"的正当化作用得到承认、"纯粹程序正义"观念一定范围内被认为是妥当的、对于公正程序产生的每个结果已经在制度上排除了把实质性作为问题等情形。但是,它们终究是在以宪法为代表的各种实体法规范划定的边界范围内。㊾

在"法化""非法化"的讨论中,一方面有从法工具主义立场,认为程序保障不过是实现某种目的的手段,是效率与便利问题的倾向;另一方面也有轻视或无视实体法规范的拘束或者范围设定,将程序条件的保障和充足视为本身自我目的化的倾向。围绕民事诉讼目的的学说,虽然有像"第三波"理论程序保障那样公正程序保障自我目的化观点的抬头,但是在程序保障的具体方式上也会因如私权保护说、私法秩序维持说和纠纷解决说这些各自重视的目的重心不同而有所差异。所以,虽然有必要正确理解程序保障本身的内在固有价值,但是轻视或无视这些与目的有关的从属性、手段性价值,对程序在不限于民事诉讼的全体法体系中的定位大概是不恰当的。

要实现法的程序的公正,虽说未必只有实体法规范,社会共通观念也可以发挥补充作用,但是首先依据实体法标准建

㊾ 详细内容请参见田中成明:《法的空间》,前注〔39〕,第 6 章、第 7 章。

构讨论或交涉程序的结构却是不可或缺的。所谓实体法规范的"动摇",也并没有达到那种一切都委诸于个别纠纷当事人运用公正程序进行交涉的不确定性和状况性程度,应当说它是由法规范和法原理组成的结构灵活的事物,讨论与交涉的主体仍然是由实体法规范划定范围并指明方向的。[50]

---

[50] 关于这一问题,参见田中成明:《法的思考备忘录》,收录于山下正男主编:《法的思考研究》,前注[45],第 576—579 页。

第二章 民事诉讼的地位与特质

现代社会与审判
民事诉讼的地位和作用

01
民事纠纷解决体系的多元化

(一) 替代性纠纷解决程序评价的变迁

1. 在现代社会,随着法的纠纷日趋增加和复杂多样化,重新评价与扩充各种审判外替代性纠纷解决程序(ADR,alternative dispute resolution)的声音逐渐高涨。如何确立审判与 ADR 之间的功能分担和协作关系,同现代型政策形成诉讼的应对一并成为现代审判的重要课题。

通过当事人之间直接的交易交涉和各种 ADR 解决民事纠纷本来就没有什么障碍,诉讼只是运用这些方法不能顺利解决时才不得不使用的"最后手段"(ultima ratio)。即使提起诉讼,很多案件也会在判决前以诉讼上的和解等方式结案。而且,法院内调解在我国一直以来与诉讼发挥着同等重要的作用。近来,为了恰当应对新类型纠纷的发生和法的纠纷的复杂化,在通过修改民事调停法一般性地充实调停的纠纷解决功能基础上，国家和地方自治体尤其在公害和消费者被害领域还创设了特别的苦情商谈和纠纷处理服务中心。整体而言，无论国家、自治体还是各个企业、业界都日益重视起苦情商谈与纠纷处理服务中心，各种公私 ADR 逐步得到扩充。①

目前，从具有古老传统的到刚刚创设的、从公的到私的，存在着各种各样 ADR，它们在现实中多大程度上理想地运行着，或者是否得到了充分利用，因 ADR 不同而各不相同，很难进行一致的评价。即使到现在，对于各种程序和制度的评价或定位也依然是观点林立。但是，对它们的整体评价在最近二十年间发生了很大变化却是不争的事实。整体来说，论调从"全面否定论"经"消极的现实容忍论"到"积极的理论肯定论"，正在逐渐发生变化。

大体上，直到 60 年代还是认为只有西欧型诉讼（判决）程序是合理的法的纠纷解决方法的近代法治主义占支配地位。它对 ADR 持完全否定态度，认为调停等 ADR 的解决是"非法的解决"，利用 ADR 基本是前近代法意识的结果，妨碍了权利意识的近代化和审判的利用与改革，是有害的。由此，预测如

---

① 总体上我对这种扩充趋势及现状的看法，请参见田中成明：《现代日本法的结构》（增补版），悠悠社 1992 年版，第 7 章、补章；田中成明：《法的思考方法与运用方法》，大藏省印刷局 1990 年，第 6 章。本书基本是结合最近法实务与理论发展就以前观点展开的详细叙述，叙述时就每个程序和争点的观点也作了一些修正。

果权利意识近代化，诉讼可能会比调停等 ADR 得到更加频繁的运用。②

此后，随着人们对权利主张普遍变得积极，虽然确实比以前更积极地利用诉讼，但还是像以前一样继续运用着调停等 ADR。不仅如此，在应对各种新型纠纷增加、法的纠纷日趋多元化和复杂化时，除了改革调停等既有制度外还在推行创设各种 ADR 的政策。

作为这样扩充和利用 ADR 的理由，虽然传统认为调停等 ADR 的非正式相互对话式解决相对于审判的非黑即白解决更符合日本人国民性的观点一直暗流涌动，但还是为了弥补审判迟延和接近审判困难等审判制度不完备及实务的现实缺陷而不得不容忍 ADR 存在与利用的观点逐渐获得了广泛支持。不过，这种观点认为 ADR 解决也是相应的"法的"解决，虽然不能一概说不合理，但是其背后仍然残存着这样的看法，即认为"审判制度和审判实务自身改善是正道，如果法院的审判状况完备而且审判能够理想地运行，实务相应也就不需要 ADR"。

但是，即使消极，随着对 ADR 存在理由和现实功能的重新评价，就法院内调停和诉讼上的和解等早已存在的程序也出现了"旧瓶装新酒"的各种努力和建言，关于它们的印象和

---

② 代表性作品请参见川岛武宜：《日本人的法意识》，岩波书店 1967 年。也可以参照本书第一章第一节。

实务也一直在发生变化。尤其在实务家之间，对于诉讼是民事纠纷解决的"正道"、法院内调停与诉讼上的和解是弥补其缺陷的"权道"的传统观点，甚至一度出现了根据私的自治原则解决民事纠纷时后者是王道、前者是补充后者的"权道"的替代观点。③

目前，不可否认 ADR 实务依然遗留着众多问题。但是，那种认为 ADR 解决纠纷的合理性和正义质量当然地劣于诉讼（判决）程序的观点大概在理论上已经很难获得支持。相反，在认识到审判制度无论如何理想地发挥作用、理论上总会存在着制度局限的基础上，积极评价 ADR 具有诉讼（判决）程序不具备的各种优点，可以在法纠纷解决体系总体中占有一定地位，独立地发挥补充或替代诉讼（判决）程序作用的观点正在逐渐变有影响力。

作为 ADR 的存在理由，虽然依然是适合日本人的国民性和"日本人论""日本文化论"等观点交织存在，但不能忽视作为世界的动向，欧美从七十年代开始形成的强大的"非法化""非司法化"潮流也提高了对 ADR 的关注，ADR 积极肯定论在我国的抬头也是受这一潮流的影响。④

---

③ 例如尾村太市、深泽利一：《和解与调停实务》（新版），新日本法规 1980 年版，第 4—5 页。

④ 具体内容，请参见本书第一章第三节、第三章第三节。

第二章
民事诉讼的地位与特质

而且,历来存在一些看法认为,ADR 的优点是便于运用、程序非正式而且灵活、可以简易迅速地解决纠纷、能够采用弹性且灵活的救济或解决方法等。需要注意的是,在此基础上最近又增加了一些理由,如易于适应纠纷特殊性采用专门的技术判断等将现代型纠纷的衡平解决也纳入视野,以及与民事诉讼"第三波"理论志向上相同的强调民事纠纷解决中尽可能尊重私的自治原则。⑤

2. 尤其在与审判制度之间的关系上重新评价 ADR 的存在理由和作用时,基本的出发点终究还是要认识到,审判制度在现实各种条件下合理且可能的范围内即使改革到最好并且理想地运行,但只要是司法审判,原则上都无法摆脱一些固有的制度性制约。司法审判无论是审理方式抑或判决内容上都存在着规范、对象与程序三个层面的制度性制约⑥,利用时无法避免一定严格性、统一性及形式性所带来的时间和费用消耗。

审判原本就是基于"全有或全无"(all-or-nothing)二分法

---

⑤ 请参见吉村德重:《民事纠纷处理的多样性与诉讼功能展望》,载《法政研究》第 51 卷 1 号(1985 年);吉村德重:《审判外纠纷处理的动向及其分析》,载《法政研究》第 51 卷 3—4 号(1985 年);井上治典:《纠纷处理机关多样性下的诉讼选择》《为了审判程序的简便利用》,收录于氏著:《民事程序论》,有斐阁 1993 年。

⑥ 详细内容请参见田中成明:《围绕审判的法与政治》,有斐阁 1979 年版,第 157—180 页;田中成明:《法理学讲义》,有斐阁 1994 年,第 325—329 页;也可以参见本书第三章第三节(二)。

思考的零和游戏,多少都会伴有风险。尤其在因证据不充分无法确信审判所必要的事实是否获得证明、法解释存在分歧或者判例处于流动状况无法推断法官采用什么观点或者无法预测判决结果的情况下,这种风险会进一步增大。一般可以认为如果回避审判,合理的情形就会增多。

审判除伴有上述不可避免的成本和风险问题外,还不能忽视的是,随着像公害环境诉讼、消费者诉讼、医疗过错诉讼等复杂化和专业化纠纷的出现,通过严格化一的审理或证据程序难以恰当汲取社会一般正义或衡平感认定权利侵害是否存在、责任有否的案件在增加,以及运用以金钱赔偿事后救济为原则的判决无法充分对被害进行救济及预防纠纷再次发生的案件等也在增加。

司法审判制度下通过判决的纠纷解决原本就是采用依据统一一般标准的部分过去志向型解决方式。对于从更加整体上的将来志向型观点考量每个纠纷的原因与背景、当事人特有的个别需求、将来的关系等因素去解决具体纠纷,审判就存在着难以超越的界限。总体上,随着以资源分配管理型法为中心的现代法体系的功能扩大,无论如何弹性地运用这一结构,不能恰当解决"法的"纠纷的增加这一趋势总是无法避免的。

而且,更现实的问题是从法院的人力和物力能力来看,即便可以通过法官增员、案件受理和审理程序简略化等充实纠纷解决功能、保障法的纠纷解决总体顺利运行,但是如果把所有的纠纷都引向法院,就很可能使法院功能陷入瘫痪状态。为了使法院顺利地发挥功能,就需要通过各种事前纠纷解决程序发挥过滤作用把进入法院的案件控制在合理的规模。而且,对于进入法院的案件,也有观点强烈主张有必要积极灵活地运用诉讼上的和解等来充实与促进审理。

从权利受到侵害或者卷入纠纷的市民的角度来看,如果可用于解决法的纠纷的程序增加,就可以比较探讨各种程序的优势和劣势,自己选择利用能够最大程度发挥各个程序优点、最适合于每个法的纠纷解决的程序。这既符合私的自治原则,也能强化市民对法体系整体上的相互主体态度。因此,市民对扩充ADR带来的法的纠纷解决体系多元化本身基本上应当也是持欢迎态度的。

问题是,为了确保法的纠纷解决体系整体公正且实效运行,包括审判制度在内的各个程序相互之间建立什么样的功能分担与协作关系,各种ADR各自发挥什么样的作用。

基本而言,各种ADR都可以按照各自存在理由,通过导入妥协调整模式和目的—手段模式的手法或者说自治型法和管理型法的思想及理论,将自身定位于基于要件—效果模式的司法审判这种普遍主义型纠纷解决方式"非司法化"的纠纷解决方式。⑦

但是，在各种 ADR 的结构和实务中如何组合这三种相互对立的手法、思想与理论，以法治主义、法工具主义和非正式主义的对立或者相互补充的紧张关系为基轴存在着相对大的基础性分歧。而且，这样的观点差异还涉及如何调整各种程序制度理想与其执行者意识、利用者现实期待之间偏差的问题，这些都使 ADR 的定位成为一件复杂的事情。

不仅如此，如第三章第三节要说明的那样，有些情况下扩充和正当化利用 ADR 的思想背景也是多种多样而且相互对立。尤其在我国，还能看到不加批判地提出传统义理、人情观念及"和的精神"，很可能否定司法审判作为普遍主义型纠纷解决方式自身存在理由的"反法化"论调。所以，未必能放手扩充和运用 ADR 也是实情。

在基本方向上，各种 ADR 虽然以司法审判的"非法化"为目标，但由于仍然是作为"法的"纠纷解决体系的内部程序继续运行，所以至少在原理上必须要承认普遍主义型纠纷解决方式的存在理由，在继承其基本框架的同时再以弥补其制度局限和现实缺陷的方式发挥功能。

---

⑦ 就法理论的这种定位，详见田中成明：《现代日本法的结构》（增补版），前注①，第 5 章、第 7 章；以及井上正三：《现代审判的功能——本座谈会的背景与意图》，载《法政研究》第 51 卷 1 号，1984 年；吉村德重：《审判外纠纷处理的动向及分析》，前注⑤。井上正三和吉村德重基本上也是持类似观点。

具体来说,在依据一般法的标准确定具体权利义务关系的规范或者对象层面的结构上,首先要相对化法规范的优先或者排外的拘束力,考虑条理和衡平等社会常识、成本计算及当事人的个别需求等,以使解决标准逐渐多元化。同时,将具体纠纷经济上、心理上及道德上等各个侧面也纳入视野,把对象扩大到全部的原初纠纷,进而适当地运用妥协调整模式和目的—手段模式的手法,以期能总体上实现充实交涉与讨论、寻求合意形成。

对于当事人主义和公开性这种程序层面的结构,ADR的一般方向是采用非公开、非正式程序。但是,在有关当事人主义上,可以看到就以什么形式继承通过公正程序下对等且主体性的理性讨论解决纠纷的实质理想,尤其在相互说服或者合意形成中以当事人主导还是以第三人主导为中心的问题上,观点存在着重大分歧。这种分歧不只是体现在应然方向的理论层面,而且也体现在执行者意识和利用者期待的事实层面,如何应对这一问题在很大程度上也左右着ADR的存在方式。

（二）多元纠纷解决体系的整体构造与运行条件

1. 以上各种 ADR 的扩充和重新评价与现代审判地位和作用讨论的动向也具有密切的内在联系与相互影响。这里首先就现代社会中应当让多元法的纠纷解决体系总体上在什么视点下运行作一原理性考察。

在推进法的纠纷解决程序多元化过程中，认为诉讼（判决）程序解决是根据法官强制裁定的"法的"解决，ADR 解决是利用当事人间自主合意的"非法"解决这种单纯的二分法对比模式已经失去妥当性。取而代之，立足于将 ADR 也基本上定位于"法的"解决；正在成为一般看法的观点认为，诉讼程序中有合意发挥着重要作用，ADR 也有强制的动机在以各种形式发挥作用，纠纷解决程序完全是各种强制和合意动机相互交织。正在扩展的观点认为，判决虽说是"法的"终局裁定，但也未必是具体纠纷本身的终局解决，从纠纷解决过程本身来看，诉讼和判决——虽然重要——终究不过是一手段而已。而且，诉讼（判决）程序解决和 ADR 的解决中哪一个是原则、哪一个是例外，观念上的区分已经相对化，基于私的自治原则统合把握各种民事纠纷解决的趋势正在逐渐增强。

第二章
民事诉讼的地位与特质

不过,即使基本上以这一方向为目标的倾向中,就诉讼(判决)程序整体上在多元的法的纠纷解决体系中如何定位,如何把握诉讼与各类 ADR 的关系,观点分歧还是很大。这里选取未必完全对立但具有代表性的小岛武司的"正义综合体系"构想⑧和井上治典"第三波"理论的民事程序论⑨进行比较分析,以确认问题所在。

小岛很早就对这一问题表示出关注,并且一直发挥着先导作用。如图 2⑩,他从静态和动态两个层面就自己的"正义综合体系"构想进行了说明。

首先,正义综合体系在静态层面上具有如下构造:审判(判决)居于中心,各种非正式途径在其周围以多层同心圆的方式逐步展开。距离审判最近的是由中立第三方在当事人双方参与下进行的救济路径(仲裁、诉讼上的和解、调停等),其外侧是通过第三方和当事人双方或单方联络展开调整活动的各种救济路径(斡旋、谈判、监察员、

---

⑧ 请参见小岛武司:《正义的综合体系思考》,载《民商法杂志》第 78 卷临时增刊三,1978 年;小岛武司:《纠纷处理制度的整体构造》,载《讲座民事诉讼》(1),弘文堂 1984 年;小岛武司编著:《调停与法——替代性纠纷解决(ADR)的可能性》,中央大学出版社 1989 年;小岛武司:《正义综合体系的再思考》,载《法曹时报》第 41 卷 7 号(1989 年);等。

⑨ 参见井上治典:《民事程序论》,前注⑤;井上治典、三井诚:《审判与市民生活》,日本放送出版协会 1988 年版;等。

⑩ 小岛武司:《纠纷处理制度的整体构造》,前注⑧,第 360 页。

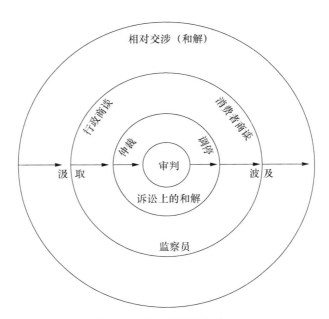

图 2 小岛的正义综合体系

苦情处理等),再外侧是没有中立第三方参与的、相对自主的交涉(代理交涉、本人交涉等)。在动态层面上,审判与周边自主解决呈相互交流关系,一方面审判有影响合意内容的波及作用,另一方面也具有将相对交涉内容(和解)通过说服效果纳入判决内容的汲取作用。⑪

小岛为确保非正式替代性纠纷解决方法的公正,考虑由

---

⑪ 前注小岛武司论文,第360页。

法在实体和程序两个方面的参与。首先,在实体层面上,他认为"最终作为公共制度而预备的司法这一强制性裁断装置,赋予了法的标准以独特的力量"。⑫他强调即使在各种替代性方法中,法的标准也发挥着重要作用;虽然期待依据法的标准但也接受一定程度修正法的标准、救济内容丰富的替代性方法。虽然他也承认调停与和解发挥着"法创造的补充功能"、例外情形下条理的作用发挥或者多个纠纷解决规范持续并存,但仍然认为判决是公权的,它设定着最终的法的标准,正义综合体系的基本课题是强化判决的这种波及作用。

在程序层面上,他虽然也提及替代性方法中的正当程序保障和当事人主导等问题,但基本上是把正式的诉讼和非正式的替代性方法对比理解为性质不同的事物。例如,就诉讼模式和调停模式,他作出如下比较:

> 诉讼模式的程序是严格的,需要去除细枝末节集中就要件事实及其相关事实进行审理,由作为专门家的诉讼代理人进行辩论。与之相对,调停模式的程序构造是柔性的,既进行充实的审理对话也重视要求本人到场的直接对话。与诉讼模式下法官基于证据直接接触事实不同,调停模式下调停委员会经常借助当事人的应对间接

---

⑫ 前注小岛武司论文,第356页。

地接触事实。在诉讼程序模式下,当事人是因感到判决压力而辩论。与之相对,调停程序模式下当事人是在意识到调停没有结果接下来会开始诉讼时才行动的。⑬

井上治典提出了"第三波"理论,认为各种纠纷解决程序的共同作用在于"创造理性对话"⑭、"提供激发纠纷主体解决能力,产生利用自己主动性和选择去自律性解决的场所"⑮。他认为,现实纠纷是由多个纠纷解决方式的效果累积及相乘解决的,如图3所示⑯,理想性的多重构造是一种"相互驶入",不仅是诉讼外方式向诉讼的转移,也包括诉讼向诉讼外方式的转移。

在井上看来,诉讼未必是纠纷解决的最终局面,它不过是多元纠纷解决方式中的选项之一,作为解决过程中的一个场面(中间项)就可以,如果能发挥一种迈向解决里程碑的作用那是非常完美的。对于小岛等主张的以诉讼为中心、其他调停与斡旋纠纷解决方式处于周边、诉讼宛如富士山一样为诸山中突出的一峰的观点,他批判到期待诉讼作为"正义的最后实现场所"就会"心重如铅、肩膀紧张",变得不敢期望在必要

---

⑬ 小岛武司:《正义综合体系的再思考》,前注⑧,第21页。
⑭ 井上治典、三井诚:《审判与市民生活》,前注⑨,第15页。
⑮ 井上治典:《民事程序论》,前注⑤,第226页。
⑯ 井上治典、三井诚:《审判与市民生活》,前注⑨,第16页。

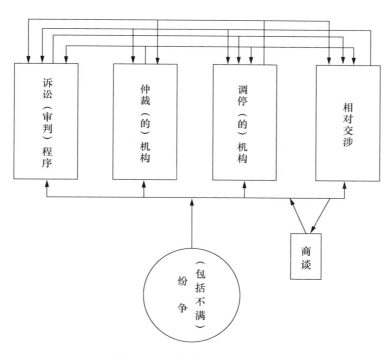

图 3　井上的纠纷解决方法模型

范围内简便地利用诉讼程序。井上通过将诉讼视为不过是各种各样大致相同山峰中之一峰的"八峰*志向",认为应当考虑诉讼与他峰之间的相互关联方式。⑰

＊　"八峰"并不是指某一特定山峰,它是贯穿日本长野县和山梨县的众多山峰的总称。笔者在此意指众多纠纷解决方式并行存在,相互之间并没有地位过于突出的方式。——译者注

⑰　参见井上治典:《民事程序论》,前注⑤,第 71—75 页。

而且，井上主张为了通过相互驶入式的选择简便地利用诉讼程序，应当摆脱历来认为法官基于法规范裁定权利义务关系为诉讼本质作用这一支配性观点的束缚；对于制定法，他认为"容易助长抹煞各种各样纠纷个性、按照统一标准'加工'个别纠纷的弊害"[18]，所以一般轻视它作为审判标准的规范性拘束力。而且，他认为与其他方式相比，审判程序最为慎重而且严整的特征也不是绝对的，公开和附理由判决等并不是审判的本质或不可欠缺的要素，审判的本质要素"只有当事人间借助第三方实现的——衡平并且实质的——对话性争论这一要素"。[19]

诉讼中不应当依赖法官的权威，或者说"在法的规则范围内就多种解决方案进行选择时必须发挥当事人的主动性与合意的作用，法官不能无视他们而单方宣布一定解决方案并将它强加给当事人"[20]，这些确实如井上所强调的那样。但是，如果认为这样理解诉讼就与"弄清是否符合法规范要件、推导出作为法效果的权利义务关系"[21]的司法审判程序原理互相矛盾可能就有些过于武断啦。而且，井上这样一味否定地评价依据一般法规范的制约原理和要件—效果模式的功能的做法也

---

[18] 前注井上治典书，第259页。
[19] 参见井上治典、三井诚：《审判与市民生活》，前注⑧，第78页。
[20] 参见井上治典：《民事程序论》，前注⑤，第222页。
[21] 前注井上治典书，第220页。

过于片面。

这些制度原理和思考模式是司法审判的制度界限,而且不可否认也一直在以井上所批判方式运用着。但是,作为原理性思考方法,姑且不说在诉讼中,即使在诉讼外的纠纷解决方式中,完全不考虑有关的一般法规范是否能创造出适合具体案件的、具体的法的解决规范呢,或者是否能进行理性对话呢,这些都是疑问。

小岛的"正义综合体系"构想考虑到了实体和程序两方面,在这一点上可以认为它作为思考方法的基本框架是恰当的。但是,以判决为中心把握审判的功能而未就程序过程的独自意义进行充分的定位,而且过于强调正式的诉讼程序与非正式的调停等ADR之间的不同性质,这些都有失偏颇。如果考察一下我国民事纠纷解决过程的实际状况,那么就民事纠纷解决体系整体的理解方式,我认为首先需要解决的问题是,以井上观点为基轴,即把诉讼和诉讼外方法统合地理解为当事人之间基于理性对话的自律性纠纷解决活动,强调多个纠纷解决方式间相互驶入性选择,谋求实务担当者和利用者的意识变革。

但是,在民事诉讼地位和作用的理解上,如下一节详细叙述的那样,我对井上的观点存在着根本疑问。尤其是只要承认法体系的分化独立和司法审判制度是现代社会纠纷合理和正当解决的基本前提条件,就很难赞同井上不仅在诉讼上而且在诉讼外轻视制定法作用的观点。㉒ 不管诉讼内外,对于自律性民事纠纷解决的活性化而言,问题不是制定法存在及依据它解决的结构本身,而是如何运用制定法的意识的变革。

2. 整体来看最近我国各种 ADR 的实际状况,虽然在中立性和公平性的保障上还存在问题,但是它们都有诉讼(判决程序)不具有的独立存在理由,发挥着弥补或者替代诉讼和判决的制度制约和现实缺陷的重要作用。而且,在现代法基本动向上,通过这种"非司法化"的"法化"政策来提高制度应对社会法需求多样化和复杂化能力的趋势逐渐增强,今后公私各种各样的 ADR 还会继续得以扩充。但是,不能忽视 ADR 的优点和缺点是互为表里的关系,对它们不加批判地活用和扩充,尤其在行政型制度和民间型制度的场合,经常会伴有危及司法制度存亡的风险。

因此,在接下来深入探讨诉讼地位和作用的主要争点之前,这里有必要依照我国民事诉讼和 ADR 面临的问题状况,首先明确包括当事人之间自主解决在内的多元的法的纠纷解决体系,在合理功能分担或者协作关系基础上实现顺利运行,公正而且实效地对市民权利进行救济和解决纠纷需要哪些必

㉒ 参见吉村德重:《民事纠纷处理的多样性与诉讼功能展望》,前注⑤,第157—159页。

第二章
民事诉讼的地位与特质

要的条件。

第一，作为法纠纷解决体系整体的司令塔，必不可少的前提条件是法院正确发挥被期待在判决和程序过程中发挥的作用，注意不要让运用法实现的正义在审判外纠纷解决的标准与程序两方面产生不公正。

尤其是我国法院，借用小岛的说法，只要将判决的"波及作用"和"汲取作用"也定位于审判的正统作用与审判的固有功能不相矛盾，就应当对判例的法创造更积极一些。㉓ 从审判的制度制约来看，判例与诉讼上的和解、调停、行政性的苦情商谈等的解决标准多少有些差异，法的解决标准某种程度上不得不呈现出多重构造。但是基本而言，重要的是以法院通过判例合理地发挥法创造功能为开端，审判外的公私纠纷解决也以判例为指针公正地进行，进而就可能把进入诉讼的案件抑制在适当规模。当然，判例也有抑制审判外对被害者救济、维持现状的作用，这需要以变更判例法理为目标的诉讼。但是，即使在这些场合，诉讼形成或者提示适宜的判例对于多

㉓ 不过，如本章二、第四章二将要说明的那样，我不赞成小岛主张的赋予示范诉讼等公共诉讼判例以中心地位的观点。（参见小岛武司：《"公共诉讼"的理论》，载《民事诉讼杂志》第 23 号（1977 年）。）如吉村德重《诉讼功能与程序保障》（载《民事诉讼法杂志》第 27 号（1981 年））一文所启示的那样，我的看法是判例的法创造的公共功能就是"现代型诉讼的多层次把握"，也就是说沿着"充分利用由当事人主导的历来用于救济个人权利与利益的对审诉讼构造，同时也充分发挥公共功能"的方向定位才是恰当的。

元纠纷解决体系整体公正且顺利运行是不可欠缺的,这一点并没有变化。

进一步来讲,将诉讼功能只是限定在判决上是不恰当的,在合理确立与各种 ADR 之间的功能分担或者协作关系时不能忽视程序过程在公开法庭上展开本身具有的功能。以诉讼提起和法庭辩论为契机,即使无法获得胜诉判决,但也使审判内外寻求和解成为可能。SMON 诉讼、名古屋新干线噪音诉讼等最终以审判内外和解形式终结的现代型诉讼一直在增加,这些纠纷暂先提起诉讼进行辩论的意义很大,如果不经过诉讼,虽说有不满,但甚至连取得大致成果的可能性也不会有。

第二,在通过当事人间自主相互对话和审判外 ADR 无法获得公正且令人信服的解决的场合,完备而且可以合理成本用作最后屏障的诉讼以及有效保障所有市民接近审判同样也是必不可少的前提条件。

以有效保障接近审判为开端,可以强化市民比较探讨可能利用的各种纠纷解决程序的优点和缺点,自由选择利用最有利于每个纠纷解决程序的主体性态度。而且,虽然诉讼利用上没有障碍,但是也不能忽略选择利用一定 ADR 解决本身也具有担保所得解决内容正当性的一面。[24]

为了保障有效地接近审判,尤其重要的是完备法院一侧的接纳态度。虽然应当改善之处颇多,尤其在涉及 ADR 上,但是否创设可以简便用于小额轻微纠纷解决的小额案件程序,是否需要将已为交通事故和工业所有权案件等采用的专业部门方式也扩大到诸如医疗事故纠纷等,这些都是诉讼内部程序分化的重要探讨课题。再者,对于审判外 ADR,即使可以想出各种各样的方法去促进合意形成,但也要充分注意尤其不要不当地压制被害者一方接受审判的权利。

不过,无论怎么说接近审判的最大瓶颈可能还是因费用、人员不足或者地域偏远等产生的利用律师困难的问题。不仅接近诉讼而且在各种 ADR 的合理运行和利用中关键也在于律师,没有律师的积极参与是很难顺利扩充多元纠纷解决体系并让其公正且实效运行的。[25]

第三,ADR 利用者和实务担当者的意识变革也是重要条件。对于利用者,如井上也强调的那样,不依赖第三者的权威、力量或者家长主义式的关怀,很好地自觉意识到纠纷解决的主动性始终在当事人自身,以相互主体的态度推进自主的

---

[24] 参见中野贞一郎:《审判的合理化》,载《阪大法学》第 145、146 号(1988 年)。

[25] 具体请参见田中成明:《现代日本法的结构》(增补版),前注①,第 8 章。

交易交涉是必要的。更不用说当事人在纠纷进入第三者机构之前应当充分努力通过相互间的对话解决纠纷。

　　对于实务的担当者而言，难题在于如何面对利用者对第三者主导方式强烈期待的现状。基本来说，比起原封不动地回应这种期待，还是应当向提供法的或者专门建议的监护性考量方向推进，以使双方当事人尽可能立足于对等立场通过相互理性对话最终实现令人信服的合意解决。

　　而且，从确保纠纷解决体系整体公正的观点来看，只要当事人希望将纠纷作为权利义务或者责任问题依法解决，就不应当寻求便利的"非法"解决。而且，运用程序虽然可能无法忽视司法效率性、行政目的实现、业界利益确保等因素考量，但是只要期待将它用作"法的"纠纷解决方式的环节之一，就必须严格慎重地考量这些优先于每个具体纠纷本身恰当解决的问题。

▶ 02
"第三波"理论的批判性探讨

（一）引言

根据以上对 ADR 的扩充与重新认识、以及民事纠纷体系多元化趋势的理解,这一节将以井上治典《民事程序论》为中心㉖,就始终坚持公正程序自我目的化观点迫使民事诉讼理论和实务进行变革的"第三波"理论㉗,在明确它与我自身的法与审判理论异同的同时,整理其背景、理由及意义,以尝试作一

㉖ 该理论也被称为"第三期派""程序志向派""新当事人主义",核心人物包括井上正三、井上治典、佐上善和、水谷畅、佐藤彰一等。对该观点较早的集中批判探讨,参见吉野正三郎:《民事诉讼中新当事人主义的抬头》,载《判例时报》第522号(1984年);小林秀之:《"程序保障第三波"说的一个疑问》,载《判例时报》第524号。最近的批判,参见山本克己:《所谓的第三波理论》,山下正男主编:《法思考研究》,京都大学人文科学研究所1993年版;高桥宏志:《纠纷与诉讼的功能》,载《岩波讲座·社会科学方法Ⅵ·社会变动中的法》,岩波书店1993年版。本节探讨中,虽然没有全部援引这些文献,但从那些研究中也获得了很多启示。谨表谢意。

㉗ 参见井上治典:《民事程序论》,有斐阁1993年版。本节引用该书时原则上以(井上,××页)形式表示所引用文字的出处。

法理学上的探讨。

就目前学界如何看待井上理论,高桥宏治概括认为,"民事诉讼法学界一般对之反应冷淡,法哲学、法社会学有乐意接受问题提出的基础,审判实务中有符合井上理论的部分也有不符合的部分"。他如此概括的理由是井上理论超出了"作为规范之学的民事诉讼法学",具有"不接受法的一般性、普遍性"的特点。㉘ 这种概括本身是正确的,但它只是根据作为规范之学的民事诉讼法、对法规范可以相对自由批判的法哲学和法社会学、单纯依靠规范无法讨论的实务这些格式化理由进行的说明,这种说明未必充分。井上理论对以这样的区分为前提的法规范的规范性本身的追问是更加彻底的。它不只是对近代法与审判观点的批判,还迫使人们重新检讨规范和事实的区别、法和审判的存在理由本身。在法理学上,不是简单地因为可以依据法规范进行相对自由的批判就表现出好感,而是应当作为不能回避与之对话的理论予以接受,因为它提出了研究"法为何物"这一根本问题时无法忽视的问题。

在我的法理学立场和理论框架中,如后文第四章第四节简单所述,审判理论占有重要的地位;至今在考虑日本以现代型诉讼和 ADR 等为中心的法状况应对时,"第三波"派的观点

㉘　高桥宏志:《纠纷与诉讼的功能》,前注㉖,第 214—215 页。

都是重要的坐标轴,从与它的对话中一直能够获得宝贵的启示。㉙ 即使现在,我在基本理论志向和主张的内容上与"第三波"理论的共鸣之处仍然很多,尽管对于"第三波"理论最近的发展方向抱有根本性的疑问。

现在时点上的井上理论和我的观点相比,没有采用既有的法律学框架,是在非常接近尖端哲学与社会学的知识层面上展开的;与之不同,我依然坚持既有的法律学框架,与哲学和社会学的最新发展保持着相当的距离,有一种守势的感觉。作为一个被视为对"第三波"理论怀有好感的学者,我将结合我的立场和理论框架,稍微系统地分析并表明为什么会有这样的差异,为推进对话尽一份力所能及的责任。

接下来,联系我就法体系与法实践整体的立场和理论框架,总体说明井上民事诉讼理论和我观点之间异同的所谓背景事项,在此基础上选取井上关于民事诉讼特质和地位设定、改革方向等问题的具体见解,按照每个中心争点逐一探讨其意义与问题点等的顺序来展开考察。

㉙ 参见田中成明:《对诉讼理论的法哲学关心纪录》,载《法学家》第 759 号(1982 年);田中成明:《法思考的现代课题》,载《神奈川法学》第 17 卷 1 号(1982 年);田中成明:《法哲学·法律学·法实务——以法的讨论与审判程序理解为中心》,载长尾龙一、田中成明主编:《现代法哲学》(3),东京大学出版社 1983 年;田中成明:《审判的正统性》,载《讲座民事诉讼法》(1),弘文堂 1984 年;田中成明:《权利生成与审判的作用》,载《法学论丛》第 116 卷 1—6 合刊号(1985 年);田中成明:《法的思考方法与运用方法》,前注①,尤其第 338—342 页。

（二）基本立场与关注点

1. 我一直强调，对于我国法体系与司法制度植根于社会和活性化而言，首要的是确立对法动态的相互主体立场。[30] 在批判将法体系静态地理解为既定的或者固定的实体法规范总体，提倡法、审判与权利的动态观点，力图在法体系运行和诉讼程序展开过程中赋予当事人基于自我责任的相互主体活动以中心地位这一立场上，可以认为井上理论和我的观点基本是一致的。

立场发生分歧之处始于理解法和审判动态的方式。井上理论彻底贯彻法和审判的"程序化"，以程序的自我目的化为目标，将法对社会需求的回应尽可能委诸于当事人的相互作用活动并谋求从社会关系侧面去把握法的机制。与之相对，我考虑法体系以实定法规范为核心，包含制定和适用它的制度、专门的技术方法、法律职业等规范、制度、方法及主体四个

---

[30] 关于法动态的相互主体立场及根据该立场的民事纠纷解决过程定位的详细说明，请参见田中成明：《法的空间》，东京大学出版社1993年，第1章；田中成明：《现代日本法的结构》（增补版），前注①。也可以参照本书第一章四。

第二章
民事诉讼的地位与特质

层面㉛,以法独特的自省机制回应社会的需求,所以应当重视法作为社会体系一部分的自立性——当然,如后所述,这种自立性具有相对性、柔性结构的特点。

这种差异更具体来说反映在如何理解原始的社会纠纷解决或处理与"法的"纠纷解决或处理之间的异同或相互关系上。井上等人的"第三波"理论批判法的解决或者处理的专门技术性质及它与社会实际状态的背离,希望尽可能消除或相对化两者的区别以扩大审判整体解决或者处理社会纠纷的能力。与之不同,我的看法是,在这一方向上扩大与各种各样纠纷解决在公权上相互关联的法体系或者司法制度的作用不仅有一定界限而且也有弊端,应当多方面地探讨运用"法的"观点部分或者单方面地解决或处理的优点和缺点,重视法体系或者司法制度既不能还原为社会全体也不能还原为个别社会关系的部分自立体系这一情况,作为自由公正社会的现代条件。㉜

确实,我国法体系和司法制度尚未充分植根于社会,如何

㉛ 关于法体系的这四个层面,参见田中成明:《法理学讲义》,前注⑥,第35—38页。

㉜ 基本上是对实定法体系采用什么观点的问题。井上的方法是"法的"观点无限地扩散、脱中心化、相对化,否定部分体系的独自性与自立性;与之相对,就是所有纠纷的法化,期待法发挥万能的作用。此外,关于纠纷解决(或处理)与法之间关系的原理考察,参见六本佳平:《纠纷解决与法》,载《岩波书屋·基本法学(8)·纠纷》,岩波书店1983年版。

缩小与社会之间的距离,如何让社会一般正义与衡平感反映到作为专门技术的法运用过程,如何汲取社会的需要等,这些都是亟待研究的课题。为此,不可否认地应在司法改革讨论中进一步考虑从社会一侧重新评价法体系或者司法制度的作用、可能性及局限。但是即使在这种场合,如果借用井上理论的表达术语,也不是取代"法律家与制度理论"的方向而贯彻"利用者与当事人理论",虽然吸收利用者与当事人理论,但先决条件始终是否还是先通过法律家与制度理论本身的结构改革和包含利用者与当事人者在内的关系人的意识变革,确立法的制度化和法的社会化之间的相互反馈呢。

　　与上述立场的分歧有关,井上理论主要以纠纷当事人的视角去直接关注正当处理民事纠纷的方式;与之相对,我是从法体系或者法实践整体的活性化及它植根于社会的战略据点这种稍微远距离的关注去考察民事纠纷解决体系和民事诉讼的存在方式,这或许是我们在具体问题上产生观点分歧的重要背景事项。

　　2. 关于法体系与法实践的理解框架,已经在第一章第三、四节就其要点进行了说明,我一直运用的是对话合理性标准法制度化的"讨论与交涉论坛"理论,及普遍型法、自治型法与管理型法的法的三类型模型。最近,尤其在面对"法化""非法化"讨论与契约交涉理论的惊人发展时,也感觉到有进行重新探讨的必要。③

　　不同于井上理论积极引入这种理论发展的智慧尝试进行现状分析和改革建言,我对这种理论发展本身也有难以赞同之处,所以主要关心它的批判性探讨。但是,由于基础理论层面上的很多论点同民事诉讼理论和实务问题的阐明现状有密切联系,所以这里先以通常认为有利于理解井上理论意义和问题点的内容为中心一般性地指出主要论点。④

　　首先,关于对话合理性法制化的路径,可以看出最近的整体倾向是沿着"合意→讨论→程序"的方向重心转移,"法化"讨论也与这种倾向大致平行,相对于利用实体法规范的实体层面规制更加重视程序层面,进而向包括实体法在内的法规范全体的"程序化""过程化"的理解方向发展。井上的理论虽

---

③　与本章题目相关的主要日文文献,参见樫泽秀木:《介入主义法的界限及其程序化》,载《法的理论》第 10 号(1990 年);江口厚仁:《法思考样式的真面目》(1),载《法政研究》第 58 卷 4 号(1993 年);太田胜造:《民事纠纷解决程序论》,信山社 1990 年;和田仁孝:《民事纠纷交涉过程论》,信山社 1991 年;小岛武司主编:《法交涉学入门》,商事法务研究会 1991 年;山本显治:《契约交涉关系的法构造考察》(1～3),载《民商法杂志》第 100 卷第 2 号、3 号、5 号(1989 年);山本显治:《契约规范的获得及其正当化》,载《谷口知平先生追悼论文集》(2),信山社 1993 年;山本显治:《契约与交涉》,载田中成明主编:《现代理论法学入门》,法律文化社 1993 年;内田贵:《契约的再生》,弘文堂 1990 年;内田贵:《现代契约法的思想基础》,载《私法》第 54 号(1992 年);内田贵:《现代契约法的新发展及一般条款》(一～四),载《NBL》第 514—517 号(1992 年);等。在这些研究中,山本克己认为和田的研究对井上理论最新发展是最有影响的,我也这么认为。

④　关于对话合理性标准及其法制度化的整体构造与主要论点,参见田中成明:《法的空间》,前注㉚第一章,尤其是第 18—34 页。也可参照本书第一章四。

然也很微妙，但基本可以认为是一直沿着这一方向变化的。

其次，结合三个核心概念法"制度化"时的主要争点来看。关于"合意"，即使在诉讼过程展开和判决正当化中，相对于严格附理由型合意，井上基本上也是倾向于重视妥协形成型合意，并且最近重心有转向调和志向型合意的迹象，可以认为这是旨在逐步扬弃附理由型合意与妥协形成型合意的结果。这种重心转移的结果之一就是批判历来遵循的"判决—强制、和解—合意"比较模式，逐渐向以妥协形成型合意或者调和志向型合意为基础、统合理解判决与和解的方向发展。不过，只要不放弃判决的强制性质，这样统合地理解就容易使运用附理由型合意控制或者正当化强制的侧面空洞化，在调和的高尚名义下放弃对强制妥协的控制，如此对于现行司法审判制度而言显然是不合适的。㉟

关于"讨论"，井上理论当初在理解诉讼程序时虽然一直重视它是通过主张、立证进行争论或者对论的场所（如第16—18页），但后来逐渐转向将它与诉讼外程序连续把握的方向，

㉟ 虽然这一问题也与"行为规范和裁决规范之间相互关系"的理解有关，是一般在重视行为规范的法理论中能够见到的倾向，但是我认为井上尽管认识到了这一问题（民事程序论》第62—63页），但是至今他对于"程序内进行当事人之间责任分配的行为不明确的场合，是不是无疑于就拙劣地把每个纠纷都委诸于法法院裁量"这一疑问，并没有给出令人满意的回答。

将之理解为交易谈判场所㊱,在《民事程序论》的前言中他明确表示不会像当初那样重视"诉讼内讨论规则的研究"。但是,将法体系全体公正运行中居于中枢地位的诉讼程序由讨论场所转换为交易谈判场所,容易放弃确保诉讼外法的交易交涉公正的最后屏障;至少在法庭辩论和判决中承认关于法上是否正确的讨论优先并制约交涉内容,对于法体系全体公正且实效运行是必不可少的。而且,井上所谓的"交涉"具体指什么也未必明确,可以认为他一直在从最大限度尊重自我决定的自由主义,向重视关联性、乐观地看待当事人之间关系建构的共同体主义方向*进行着微妙的变化。

关于"程序",在井上理论中,公正程序展开本身的自我目的化倾向逐渐增强,它与认为诉讼程序是交易交涉场所的倾向走向前台相呼应,就使实体法标准完全丧失了对由诉讼程序产生的各个结果内容的正当性进行评价或讨论的余地。当然,如后文所触及的那样,井上并不是无视或轻视实体法,他承认将之作为"观点"等发挥作用,我不知这和罗尔斯的"纯粹程序正义"、卢曼的"根据程序的正统化"是否是同样的观念。

㊱ 如果根据井上正三的观点,"第三波"理论在这个方向上的起点似乎是水谷畅《纠纷当事人的作用》(载《讲座民事诉讼法》(3),弘文堂1984年)一文中对"折服论""纠纷主张论"的批判与对"诱发论""交易行为论"的提倡。

* 共同体主义英译"communitarianism",是20世纪后半期后半期以美国为中心发展而来,重视"共同体"价值的一种政治思想。——译者注

现代社会与审判
民事诉讼的地位和作用

在后现代化思潮中,或许否定的就是"正当化"的观念本身。㊲

我认为,为了法的程序公正,虽然未必只是局限于实体法规范,社会通常观念也可以发挥补充作用㊳,但是构造第一次的讨论与交涉程序时一定的实体法标准却是必不可少的。所谓的实体法"动摇"并没有达到像井上所说的,需要完全委诸于纠纷当事人通过公正程序交涉的不确定性和状况性程度,应当说它是由规则和原理构成的柔性构造,仍然需要由实体法规范划定讨论与交涉主题的框架并指明方向。㊴ 像井上所断言的,"如果程序正当,解决结果就正确,无论什么结果都是实体法认可的""只要好好进行程序就什么都能得到"㊵,大概是有些过于"规则怀疑主义""程序自我目的化"了。

3. 关于如何应对以现代审判为中心的各种问题,如前文所述,有法治主义、法工具主义与非正式主义三种基本战略的

㊲ 不仅井上,"第三波"主张者整体上对这一问题的观点都不明确。关于卢曼"根据程序的正统性"观念的批判,参见佐上善和:《审判正当性初论》,载《立命馆法学》第182、183号(1986年);对佐善文和卢曼观点的批判,参见山本克己:《民事诉讼中所谓的审问请求权》,载《法学论丛》第119卷3号(1986年),第2—9页。

㊳ 关于这一点,井上也是同样观点。参见井上治典:《民事程序论》,前注⑤,第124页、第259页。

㊴ 关于这一问题,参见以山本克己、山本弘为嘉宾的讨论:《民事诉讼的目的与作用》《战后民事诉讼法的潮流与展望》,载井上治典、高桥宏志主编:《令人兴奋的民事诉讼法》,有斐阁1993年。

㊵ 前注井上治典、高桥宏志主编书,第8页、第193页。

选择。㊶ 井上等人"第三波"理论在特征上虽然是提倡非妥协性的非正式主义战略，但是它的思想背景却是以彻底"私化"为目标的自由意志论和重视个人之间关系建立的共同体主义之间的交织，虽然既有强调个别性与差异性的后现代主义影响也符合最前沿的思想动向，可是却没有鲜明地提出自己的思想立场。从否定一般法规范的规范拘束性、批判法律专门家和法独特的理论等来看，它不只是提倡源于形式法治主义的"非法化"，甚至有"反法化"的动机。㊷

单纯的普遍主义型法体系确实已经丧失了恰当应对现代社会多样法需求的能力，固守法体系形式主义的自立性，全面排除管理型法和自治型法的思想与理论，无论是自我抑制型还是势力扩张型，如今可能都很难获得支持。但是，需要警惕的是轻视普遍主义型法和法治主义作为"法"的核心的背景意义，只是强调边缘性功能并抛弃自由主义的普遍价值很容易走上"超越近代"的道路。

所以，我认为现代法制在应对社会多种多样法需求时，即使将管理型法和自治型法作为辅助性调整手段，也希望采用

㊶ 井上正三：《现代审判的功能：本座谈会题目的背景与意图》，载《法政研究》第51卷1号（1984年），第128—137页。在该文中井上教授几乎采用了同样的分类对相关问题进行整理，但他并没有标明"第三波"理论追求的具体方向。

㊷ 山本克己《所谓的"第三波"理论》（前注㉖，第505页）一文可以看到反法治主义及自由意志主义的审判理论。

一种可以称之为柔性法治主义、柔韧法治主义*的立场㊺,把管理型法和自治型法的运行方式尽可能地置于普遍主义型法的控制之下。

而且,重要的是在思想上立足于将民事诉讼作为公和私或者一般性和个别性相互反馈的场所予以完备并充分发挥其作用的自由主义立场,在现代日本政治社会与思想状况的基础上,在变革市民关于法、审判与权利的意识和行为的同时,确立具备专业智慧和公共奉献精神的职业主义。如果对照美国最近法理论的对立结构,我的观点与以自由主义为基调,尤其在审判与法的思考上被称为便利主义(conventionalism)、谨慎主义(prudentialism)、新传统主义㊹的观点相近,在这个意义上可以说是以谨慎法治主义**为目标方向。与此不同,井上理论对支持这些专门技术性法实践知识的立场基本持批判

---

　　* 日文原文是"二枚腰",属于相扑中的用语,指柔韧性非常强的腰,这里引申为非常具有柔韧性的法治主义。——译者注

　　㊺ 这与井上等人批判的"表面理论""内部理论"区分使用的是不同方法。具体而言,如后面论述的二元构造策略、法的正当化两阶段模型等(田中成明:《法思考的笔记》,载山下正男主编:《法思考研究》,前注㉖,第566—570页),其特征在于通过阶段构造,坚持"法"核心同时应对多样社会需求。

　　㊹ Richard A. Posner, The Problems of Jurisprudence(1990),esp. ch. 14一文被作为批判探讨对象论者的代表性的观点,不过我认为理解视野可以稍微再宽些。此外,也可以参照吉田邦彦:《法思考与实践的推论和不法行为"诉讼"》(上)(中)(下),载《法学家》第997—999号(1992年)。

　　** 英语原文为"prudential legalism"。——译者注

或者怀疑态度，在这一意义上可以说他的观点更接近批判法学。

无论井上理论还是我的观点，相通之处在于，对以管理型法为基轴，以强化效率或者家长主义式法运用为目标的法工具主义都持批判或者警觉态度。我觉得观点的分歧可能在于对抗法工具主义的战略：是直接寻求扩大和强化自律性自治型法的领域；还是采用首先在普遍主义型法的基本框架内抑制管理型法的肥大化和恣意运用以保证其公正运行，然后在此基础上强化和扩大自律性自治型法领域的二元结构。大体而言，井上理论根据普遍主义型法历来依照管理型法思想和理论运用的实际状况，把容许如此运用的普遍主义型法的思想和理论同管理型法一并作为批判克服的对象，这样就把一切都赌到了自治型法的复权上。我的想法是将管理型法从普遍主义型法中剥离，使普遍主义型法原有的思想和理论富有自治型法的弹性，但仍然要尽可能地让法体系的整体运行处于普遍主义型法的控制之下。

在确认了上述原则性立场和关注点异同这些背景事项基础上，接下来就结合井上理论关于民事诉讼特质及它在纠纷解决过程中的地位的理解及改革建言等尝试展开稍微具体的探讨。

（三）民事诉讼的特质与功能

井上在《民事程序论》一书序言中，基于以法官根据既定法规范判决这一结构为基础的近代审判前提发生动摇的现状认识，设想把民事诉讼程序理解为当事人在公正且秩序严整程序下相互作用形成自律关系的场所。他将这一方向归纳为六个口号：(1) 由结果（判决中心）志向转向过程（程序）志向；(2) 由过去志向转向将来志向；(3) 由判断志向转向关系形成（调整）志向；(4) 由他律志向转向自律志向；(5) 由终局志向转向暂定志向；(6) 由法规范绝对标准志向转向相对工具主义志向。

我完全赞同井上当初提出的诉讼不只是以法官判决为中心，它还包括以当事人间相互作用为核心的程序过程，甚至应将后者理解为重点的基本志向。但是，诉讼程序绝不只是当事人双方私的关系（dyad），它还包括法官在内的公的三面关系（triad）[45]，

---

[45] 关于法官的作用，参见中野贞一郎：《医疗过失诉讼》，载《法学教室》第26号（1982年）；小林秀之：《"程序保障第三波"说的一个疑问》，前注[26]；吉野正三郎：《民事诉讼中新当事人主义的抬头》，前注[26]；这些学者批判"第三波"理论轻视法官作用的主旨未必一致。在这一点上，我对"第三波"理论的主要不满在于，对于诉讼程序过程中因法官和当事人作用和视点的重合与分歧产生的各种复杂问题，它并没有进入深入探讨。

为了使这种公私交错的场所成为公正且秩序严整的场所,我觉得应当比井上更要重视实体法规范的多层次规范性功能,一方面它能在诉讼程序内规制当事人间相互作用和法官参与方式并为之提供方向(裁决规范),另一方面它能促进一般人在诉讼外自主交易交涉及指明其框架和准则(行为规范)。㊻对于井上前述直线性或者二者择其一的口号,暂且不说它是为打破现状而进行重心转移的建议,原封不动地接受该建议无论在现行诉讼制度的解释论上还是作为改革建议都有诸多难以苟同之处。

这里首先从整理与确认有关审判的制度框架和诉讼功能的理解的观点差异入手。

关于现行司法审判制度的框架,我考虑应当从依据一般法规范作出有或无裁定的规范层面、具体纠纷事后个别解决的对象层面及公开原则和当事人主义的程序层面这三个层面去综合理解。按照井上的理论,规范层面比对象层面、程序层

㊻ 这样的行为规范与裁决规范区分方法,如果根据内田贵《民事诉讼中的行为规范与评价规范》(载新堂幸司主编:《民事诉讼法特别讲义》,有斐阁1988年)等的说明,它与民事诉讼中行为规范与评价规范的区分似乎有些不同。在我的区分中,关于"第三波"理论所强调的分配诉讼当事人之间证明责任行为规范反倒是基本与判决有关的裁决规范,我理解第三波理论的意义是不是在于以规制这样的程序过程的规范为中心对程序保障方式的相互主体性动态考察、以及对与诉讼外交涉行为规范之间关系的追问上。在这一点上,前述内田贵的论文非常富有启发意义。

面重要性低,与之相关也否定对象层面的过去志向特质。在诉讼中,公和私、一般性和个别性、将来志向性和过去志向性之间对立矛盾的地方比较多,如何寻求它们之间的平衡在每个事例中都是重要课题,法的智慧(iurs prudentia)在其中也应当发挥作用。然而,井上理论是否也是因为有矫正向来容易偏向公的性质、一般性及过去志向性这些契机的目的,所以强调私的性质、个别性及将来志向性契机。[47] 姑且不论它是否是平衡性主张,毕竟重要的还是阐明这两种契机交错状况本身的合理存在方式。下面逐一来看各个层面。

关于一般法规范的作用,井上虽然基本上秉持规则怀疑主义立场,但对于法规范的具体看法还是显现出微妙变化的。他有过主张不需要制定法的时期,"尤其不需要以制定法为审判标准……那样容易抹煞各种纠纷的个性、助长依照统一标准'加工'每个纠纷的弊端"。[48] 最近他虽然也严厉批判以既定的、固定的法规范为绝对标准的统一裁断,但态度已经柔和"……在审判标准上不应如此过度依赖制定法"(井上,259页),不否认地以自我独特的风格将法规范用作"观点""参考

---

[47] 不过,井上认为"隐私经常在公开的同时再次成为隐私的,由自己选择或者自己行为决定是否继续公开",在涉及这一特有公开理论上他采纳了重视公与私连接点的观点。载《法律时报》第66卷第1号(1994年),第52页。

[48] 井上治典:《民事审判中制定法的作用》,载《法学家》第805号(1984年),第142页。

模型""战略交流媒介",可见他的关注重点正在转向法规范的运用方法上。

井上的法运用方法可以理解为想把诉讼外交易交涉中的策略与便利地运用法的观点尽可能继续运用到诉讼程序内。但是,如果诉讼当事人和律师在诉讼程序开始后继续遵照这种观点行为或许是允许的;可是对法官而言,不仅判决,而且在诉讼上的和解中,姑且不论权能赋予的任意性法规,最主要的是对于以义务赋予的强制性法规为代表的所有法规范,他能否采用与当事人和律师同样的观点,从其职责来看也存在着问题。这种一般性轻视法规范所具有的义务论性质的规范拘束力的观点,作为公正且秩序严整的诉讼程序的法理学理解是否恰当,至少从与实体法体系有关的内在视点来看是存在根本性疑问的。

整体而言,井上理论对一般法规范的独立性与拘束力定位较弱,对判例的法形成持消极态度可能也是其结果之一。㊾利用依据一般法规则的要件—效果模式适用法确实有种种局限,同时也不容否认地存在着井上所指出的种种弊端。但是,矫正这些问题的方向不是像井上那样否定一般法规范的独立性与拘束力,而应当是以实体法规范体系柔性构造化的方向

㊾ 参见高桥宏志:《纠纷与诉讼的功能》,前注㉖,第208页。

为目标,亦即首先动态、开放地理解法规范本身的存在结构,然后通过结合具体内容确定或者继续形成其内容的讨论程序结构去寻求实体法规范。在诉讼程序的理解上,如后文相关地方说明的那样,确定和继续形成实体法规范体系内容的活动应当是法官和当事人三者关系(triad)之间相互作用的协同活动,要充分发挥它的作用,注意赋予它正当的地位设定。[50]法律学和审判实务之间的连接点也主要是以这种活动为基轴形成而来,今后仍应当如此。

在具体问题上井上理论和我观点不同的根本背景,我觉得主要源于上述对法规范本身特质和功能看法的差异上。

关于审判对象,井上理论一贯重视具体性与个别性,不过值得关注的是他最近批判历来的审判过去志向性,主张重点向将来志向性转移。就判例形成等与法规范的关系上,与将来志向性的诉讼功能扩大非常消极形成对照,在具体个别纠纷处理上以无限扩大诉讼功能为目标。由于审判对象的过去志向性原本就与由法官依据一般法规范作出的"全有或全无"裁定有关,所以批判后者的井上理论如此展开本身在首尾上

---

[50] 例如,基本上可以认为罗伯特·阿列克西(Robert Alexy)的"规则、原理和程序模型"等坚持的是这一方向。关于阿列克西的模型,请参见龟本洋:《法的规则与原理》(一)(二),载《法学论丛》第 122 卷 2 号、第 123 卷 3 号(1987—1988 年);山本敬三:《现代社会中的自由主义与私的自治》(二),载《法学论丛》第 133 卷 5 号(1993 年),第 15—26 页;田中成明:《法思考的笔记》,前注㊸,第 573—580 页。

是一致的。

问题是这一方向能否作为现行司法制度的解释论,或者说作为诉讼改革方向是否恰当。我认为井上理论作为现行制度解释论是不合适的,朝着这一方向扩大诉讼功能作为一种社会服务或许会受到欢迎并被接受,但是暂且不说在这一方向上扩充诉讼上的和解、法院内的调停,如此改革诉讼程序的本体无论是作为司法中公私作用的分担方式,还是作为司法和行政之间的作用分担方式都有很多问题。

关于程序层面,诉讼程序是公正而且秩序严整的场所,井上的基本方向是赋予当事人主义在其中具有中枢地位,对此我也是完全赞同。但是,对"公开未必是审判的本质要求"[51]这一观点我却有疑问,而且在理解审判公开意义时,我认为不仅要考虑井上所谓有关当事人的听众效果,还应当考虑与法官和律师的行为规律之间的关系。

以上关于审判制度结构理解的分歧也反映在诉讼功能的理解上,这里结合判决功能与诉讼程序过程功能、对诉讼当事人的直接效果与对第三人及社会一般人的间接效果这两个分类,运用将诉讼功能领域区分为四个部分的图表(参照表2),[52]说明井上理论和我观点之间的异同。

---

[51] 井上治典、三井诚:《审判与市民生活》,前注⑨,第78页。
[52] 该图表的详细说明,参见本书第四章第一节。

表 2　诉讼的功能

关系人 \ 诉讼	判决	程序过程
当事人	I	II
第三人、社会一般人	III	IV

井上理论的方向是一方面以 II 为中心来理解诉讼功能，在 I 中弱化而在 II 中却尽可能消除规范功能的独立性；另一方面是尽可能消除诉讼程序和诉讼外程序之间的制度差异。由于他想把规范状况化与暂定化，以使它和事实之间的区分相对化，所以轻视制定法和判例等法规范的独立性，这一状况同重视诉讼的个别性相结合，对于向 III 方向的功能扩大相对消极，IV 的功能则被置于视野之外。

对于井上的理论，我完全赞同进一步向 II 转移诉讼功能，但是也理解 I 的规范功能具有不能完全还原到 II 的自立性。而且，即使扩大诉讼功能，也不只是在 II 的方向上，在 III 的方向上也应如此，尽管存在着种种制度制约，也应当比井上理论更积极地去应对这些问题。

对诉讼功能理解的这些差异不只影响着诉讼制度与审判实务改革的方向，它还具有促使人们重新探讨法律学观点与存在理由的重要意义。推进井上理论的方向不只是前文所介绍的高桥宏志指出的“作为规范之学的民事诉讼学”(53)的存在方式，而且向来涉及实体法解释的法律学和审判实务之间的关系都会带来大转换。

接下来结合主要论点看下以上民事诉讼特质和功能理解的基本分歧在具体问题上有哪些差异。

（四）民事纠纷解决过程中诉讼的定位

随着对ADR的重新认识和扩充以及民事纠纷解决程序的多元化，基于私的自治原则统合理解全体民事纠纷解决程序的趋势越来越强。如前节所述，这一倾向认为诉讼（判决）程序的作用不是自我完结，而是与各种ADR的相互作用或互动。

但是，即使在基本以该方向为目标的倾向上，关于诉讼在整体的多元民事纠纷解决体系中如何定位、如何把握诉讼与诉讼外程序之间的关系，观点上也存在着相当大的分歧。(54)

如前所述，井上认为，纠纷解决体系整体上不仅承认由诉

(53) 高桥宏志：《纠纷与诉讼的功能》，前注㉖，第201—202页、第215页。

(54) 详细内容，请参见田中成明：《现代日本法的结构》（增补版），前注①，第7章；田中成明：《法的思考方法与运用方法》，前注①，第6章，尤其第337—346页。也可参照本章前节。

讼外方式向诉讼的转移,也承认由诉讼向诉讼外方式转移的"相互驶入"才是理想的多重结构,诉讼未必是纠纷解决的最终局面,它不过是多元纠纷解决方式中的选项之一,能发挥迈向解决里程碑的作用就足够了。

井上民事纠纷解决体系的全体像用后现代流的说法就是所谓的"脱中心化模式",虽然他对民事纠纷解决体系的多元化、多样化也持肯定评价的态度,但是和小岛武司"正义综合体系"构想[55]认为应当赋予诉讼中心地位的一般观点还是有很大差异的。我本人对他们的基本观点已经叙述过,我对井上观点的根本疑问是制定法在民事纠纷解决中的作用的理解。

对于法官基于法规范裁定权利义务关系是诉讼本质作用的观点,井上主张抛弃它并提出了具体的建议,他提出的具体方向是由法律要件求心型程序转向判决与和解融合的一元论。随着尽可能连续把握诉讼程序和 ADR 的趋势增强,他对诉讼中法规范的功能和对话具体特质的看法也有重要变化。

关于法规范的功能,由在审判标准上不要制定法论向将法规范活用作"观点"的工具性方向修正;关于诉讼中的对话方式,则由认为"借助第三人实现当事人之间的对话性——衡

---

[55] 小岛武司:《纠纷处理制度的整体构造》,前注⑧;小岛武司:《正义综合体系的再思考》,前注⑧。

平且实质对等的——争论”为审判不可欠缺因素的立场，转向认为是面向未来调整与构筑当事人间关系的交易交涉场所的立场（井上，136 页）。(56) 对于这些观点的问题点，前文已经叙述，这里不再重复，否定司法审判制度下法规范和诉讼程序基本特质意义的观点是很难获得支持的。

只要承认法体系的分化独立和司法审判制度在复杂多样的现代社会中是合理和有效解决法的纠纷的基本前提条件，就很难赞同井上所主张的诉讼程序也全面采用诉讼外同样的法规范运用方法和交易交涉方法的做法。诉讼利用者对诉讼的期待多种多样，虽然有认为能确保在公正程序下交涉场所就好的情形，但是也有请求法官权威裁定的情形，也有以获得能够强制执行判决为目标的情形，井上的诉讼程序定位不过是回应了诉讼利用者多样期待中的一种而已。

法官尽管也促进当事人间的交涉、寻求合意和解的可能性，但其重心终究应当是判决。在诉讼程序地位设定中完全不考虑法官权威和判决的强制性质，如在论述法体系整体时已经指出的那样（第一章第四节），不仅不现实而且是不恰当的。

---

(56) 水谷畅《纠纷当事人的作用》（前注㊱）一文提倡的由“纠纷主张论”到“行为诱发论”虽然是“第三波”理论在这一方向上发展的起点，但井上对这种对置本身是有疑问的。参见井上治典：《民事程序论》，前注⑤，第 81—83 页。

在现代法基本动向上,为了恰当应对社会法需求的多样化、复杂化,今后可能还会继续扩充各种各样的公私 ADR。但是,ADR 基本上是不定型而且缺乏透明性的,无论程序过程还是结果不管怎样都取决于程序运用者的力量与资质,其优点和缺点是互为表里的关系,对之不加批判地利用和扩充时常会伴有危及司法体系存在和公正运行的风险,这些都是不能忽略的问题。虽然不能说 ADR 的解决经常劣于诉讼(判决)程序的解决,但是公私各种 ADR 的解决结果并非完全都是通过程序公正和当事人间努力形成合意予以正当化的合理结果,这一点是明确的。尤其是关于诉讼上的和解等由作出判决的法官亲自参与的 ADR,如第三章四再次论述的那样,存在着诸多问题。

要使多元纠纷解决体系整体在恰当的功能分担与协助关系基础上顺利运行而且能够公正有效地进行权利救济和解决纠纷,如前节所强调的那样,首要且必不可少的前提条件是法院作为法的纠纷解决的所谓指挥塔,它需要注意不要让由法所实现的正义在诉讼外纠纷解决的标准与程序两个方面上产生不公正。为了能够恰当地发挥这种功能,法院在诉讼程序中虽然也可以考虑与诉讼外当事人交易交涉之间的连续性,可是这种交易交涉应当在一定法规范与制度的制约下进行,它应当坚持诉讼程序终究是围绕法的正当性进行讨论、决定的场所这一观点。

随着 ADR 的扩充以及民事纠纷解决体系多元化的推进，进一步提高了不仅把诉讼过程而且把诉讼外公私纠纷解决过程全部纳入视野，去深化对法的讨论或者交涉理论以及实务进行统合理解的必要性。井上理论的近期发展是否恰当暂且不论，就它积极地吸收这些最新的研究成果并提出问题的意义还是应当积极评价的，而且不能忽略它提倡的方向还包含着有关“法”自立存在理由的根本问题。(57)

（五）融合判决与和解的一元论的提倡

井上指出，我国民事纠纷解决程序最近的问题点是上述纠纷解决机构扩大和诉讼相对化呈现出的“完全借助法规制和脱离法”的两极化，也就是说在“非法化”“非司法化”倾向存

(57) 在尽可能连续把握诉讼程序和诉讼外交涉的场合，例如在诉讼外交涉中即使合意内容包括不法行为和契约无效的事项，可如果当事人间就损害赔偿形成了合意，只要不要求法的强制措施，该合意或许就是容许的。但是在法官参与诉讼上的和解时，无论是法官职责上，还是从诉讼制度存在的理由来看，制度上是不是都不容许这样呢。不过，如果是关于过去的不法行为与契约废除，如果像井上派那样说，“过去作为过去的根据”，不就法的当否进行讨论与判断，这种合意作为和解内容或许可以容许，但是将来的行为和关系下，是不是终究会涉及否定法规范存在的理由呢。进一步来说，犯罪行为的情况下怎么办？这也是涉及如何理解诉讼结构过去志向性、法经济学规范性主张的根本性问题。

在的同时,强化依据法原则的演绎方法,使要件事实论精致化、技术化的倾向也很明显。作为上述诉讼程序考察的结论,他认为依赖厚重长大型要件事实是诉讼种种局限或弊端的元凶,要摆脱它不仅需要构思把和解纳入法庭辩论理论以充实其内容的一元交涉型辩论程序,还应当努力确立能够反映这一交涉辩论过程的"和解判决",亦即以判决与和解融合的一元论为目标。进而,他批判"判决—依法强制、和解—当事人合意"(井上,139页)的对置方式,强调判决与和解之间的共性和同质性,主张一元论理论的可能性,"由合理公正程序得到的结论,如果无论当事人看来还是第三人看来都是可以接受的,那么它就是'依法审判'"(井上,118页)。

我与井上观点一样,也认为依循要件事实论的审判实务容易伴有不利于个别事例衡平解决的统一化、僵硬化倾向,纠纷通过法的加工后不仅会偏离原始纠纷和当事人的意图与感情,而且会出现井上所指出的以不能恰当应对现代型诉讼等新型纠纷为代表的局限或弊端,有必要对此进行矫正。但是,尽管存在这些局限或者弊端,但要件事实论的审判实务基本构造本身具有充分的制度正统性,它有利于司法审判合理而且公正运行,未必一定要全面否定它,或许探讨其结构改革

更加合适。㊳

"第三波"理论当初的想法是通过充分运用当事人间自律性相互作用的辩论去改革历来的法官判断中心型与重视心证型的实务和理论。像井上这样,只是通过吸收和解的交涉型辩论去充实并使之活性化的方向是否有可能实现该志向,对此我深表怀疑。当事人不得不"面对漆黑前方奋力疾走"(井上,77页)的状况和井上批判的实际情况㊴,这是不是都是源于墨守"你给我事实、我给你法律"的法格言,认为确定什么是法属于法官的专有权限,所以尽可能将法庭辩论主张与立证缩减至事实问题,以竭力避免将法律问题作为辩论主题的结果呢。因此,这些局限或弊端应当通过将审判实务由体系思考转换至问题思考,把剥离事实的所谓"法的观点"的讨论也

㊳ 虽然井上评价田尾桃二的观点(参见田尾桃二:《关于要件事实论》,载《法曹时报》第 44 卷 6 号(1992 年))是"对要件事实论的准确回顾与展望"(井上治典:《民事程序论》,前注⑤,第 140 页),但田尾的观点和井上的观点之间有相当大的差异,井上一味只是联系法的三段论地批判要件事实论是不是有些操之过急呢。我认为通过所谓的导入问题思考手法、推进审理的方法及判决写作方法等,以要件事实论为基础、依据案件的情节、围绕中心争点进行审理与判决还是有很大余地的。吉村德重《要件事实论展望》(载《法政研究》第 57 卷 1 号(1988 年))指出的三种方法中,不是从判决志向型内涵模式批判突然转向交涉模式,而是追求诉讼过程志向型模式更合适些。

㊴ 在井上治典的《民事程序论》(前注⑤,第 77 页)中,虽然参照了井上正三的发言(《研究会与辩论的活性化》,载《法学家》第 780 号(1982 年),第 63 页),但是至少在这一点上,可以看出井上正三作为克服"黑夜中铁炮"式"活性化"的方向,是不是以同实体法解释方法展开相联动的、当事人主导的法的讨论活性化为目标呢? 在这一节我探讨的主题为是不是基本上应当向这一方向推进。

作为辩论的主题,然后充分运用包括法官在内的三者关系下的"讨论型辩论"去解决。⁵⁰

依据一般法规范在法上正确解决个别纠纷的功能是通过以要件—效果模式为中心构造的讨论程序实现的,应当继续把它作为司法审判得以正当存在的理由。通过充实律师辩论活动和法律学的法解释与理论构成活动,可以使讨论什么是法上正确的法庭辩论程序本身充分发挥作用,如果怠于或者放弃这些,一味在视为当事人间交易交涉延长的方向上追求辩论程序作用的发挥就可能有些极端,也容易招致法的规范与制度自立存在基础的解体与崩溃,最终放弃法律职业的使命。

井上在《民事程序论》(131—132页)一书中把目前法律要件求心型程序下追求符合每个要件特性解决的"内部理论"调整方法大致区分为"(1)主张事实及其认定的作业领域的调整;(2)法律构成和法解释层面的调整;(3)和解程序的调整"。在这些方法中他认为应当以(3)为中心重构一元程序,

---

⁵⁰ 在这一方向上,关于法与当事人之间作用分担的观点存在着相当大的差异。请参见吉野正三郎:《民事诉讼中法官的作用》,成文堂1990年;山本克己:《民事诉讼中所谓的审问请求权》(一~四),载《法学论丛》第119卷1号·3号·5号、第120卷1号(1986年);山本和彦:《民事诉讼中法律问题的审理结构》(一~四),载《法学协会杂志》第106卷9号、10号(1989—1990年);此外,也可参照佐藤彰一:《证明责任论的课题》(二),载新堂主编:《民事诉讼法特别讲义》,前注㊻,第477—479页。

提倡将"内部（和解）理论纳入表面（法庭辩论）理论"的、具有透明公正程序特点的"交涉型辩论"。[61] 如果运用井上这种分类理论进行说明，我倒觉得（2）法律构成和法解释层面的调整不应作为法官的专属权限，而应当朝着在法庭辩论中赋予正当地位的方向发展，这一方向比起井上提倡的方向在现行法解释论上更容易被接受。在事实阶段，或许确实应当把重点放在（1）主张事实及其认定的作业领域的调整上。但是，由于这样只会缩减辩论主题，妨碍在判例的法形成上法官和当事人之间合理的协同活动，所以在现代型等诉讼中还应当注意（2）的法律构成与法解释层面的调整，尤其在法律审阶段上把重心放在充分发挥这一层面三者之间的辩论作用上更适当。[62]

虽然这么说，但比起我的目标方向，井上的方向也有呼应实务的部分，所以也易于为当事人所理解，有逐渐被接受的可能性。我的目标方向在当事人双方没有律师的诉讼中是难以实现的，它需要律师强制主义和有效保障接近律师等的制度改革和条件完备，没有这些保障就很难摆脱井上批判的法律

---

[61] 和田继续在该方向上推进了井上的理论，提出了"交涉型审判模式"。参见和田仁孝：《民事纠纷处理理论》，信山社1994年版。本书对一味只是在该方向上继受现代型诉讼问题的提出表示质疑和担心，它或许更适合和田的模式。

[62] 田尾桃二《要件事实论》中指出推进"不是让事实符合既存要件，而是有必要结合事实创造出要件"（前注[58]，第31页）的方向，转变审判实务由体系思考向问题思考，协同疑难案件中法教义探讨、批判与创造的法律学中心活动，最终成为法继续形成的中心据点，这才是本来的理想方式。

专门家们"假装西欧式审判"⑬的状况。但是,我想现在的时点与其把对法律专门家和审判制度的不信任作为既定条件去探寻改革方向,是不是期待以实现制度本来理想为目标的法曹职业精神,尤其是"律师作为法律家的骄傲和气概"(井上,247页)更合适呢。我国法院要摆脱"孤傲的王国"印象,变成市民易于理解、易于利用的场所,不应在适合日本国民性这种高大名义下去扩充法院直接的家长主义活动,而是有必要进行制度改革以使民众对律师的信赖和接近——尤其是前者——达至在西欧同时被视为三大职业之一医生的同等程度。

(六)辩论兼和解(和解兼辩论)的评价

井上的上述改革方向具体而鲜明地体现在对现代型政策形成诉讼和 ADR 这两大现代审判课题的应对方式上。

在目前正在进行的民事诉讼法修改中,是否从正面承认近十年来实务中运用的"辩论兼和解(或者说和解兼辩论)",是否将之作为新的争点整理程序予以制度化起初就是争议焦点。辩论兼和解的实务惯例不只是简单的欠缺制度根据或者

---

⑬ 参见井上治典、高桥宏志主编:《令人兴奋的民事诉讼法》(前注㊴),第230页。

第二章
民事诉讼的地位与特质

公开原则与辩论主义之间整合层面的问题，它也是在这样的法律学讨论之前让人痛感有必要追问支撑我国法体系、司法制度、法曹的思想文化与社会背景特质的问题。⑭

绝不否认或轻视我国法体系与法文化在思想、文化、社会及原理背景上与"法的"近代西欧的明显不同，但更重要的是正视我国的"法化"状况尚处于制度化与社会化两个层面运用所谓"异性质论"完全可以说明的阶段。就法庭辩论而言，口头辩论本身仍然还有通过增设圆桌会议式法庭、努力改善律师与法官的工作条件等发挥更大作用的余地，置形骸化的法庭辩论本身于不顾而急于将性质模糊的实务惯例制度化，这很难让人有释然的感觉。在基本思考方式上，我想首先要解决的是完备制度基础和变革关系人的意识以使现行司法审判能够恰当地发挥原本预设的功能，如果能够这样，是不是就强化了审判与各种 ADR 之间的合理功能分担与协作关系，自然也能够更灵活地应对司法政策形成问题呢。

对于这一问题，井上首先在原则性立场上批判了"日本人的国民性不适合在法庭上争论，还是采用非正式方式进行程序为好"的论调，他认为"法庭辩论这种事情，如果是彼此尊重

---

⑭ 有关比较法的探讨，参见萩原金美：《关于所谓"辩论兼和解"的一点看法》，载《判例时报》734 号（1990 年）；萩原金美：《再论辩论兼和解》，载《判例时报》769 号（1992 年）。

人格、平等地遵循规则进行的讨论,'本来就不适应'是难以想象的……今后的日本人,如果不能堂堂正正地公开表达自己的主张,无论如何都难以在国际社会生存下来"(井上,96—99页)。对于通过扩大法官在诉讼与和解程序中的监护作用来谋求充实与促进审理的方向,他认为"律师、更重要的是当事人更进一步地自觉认识到自己的作用,从相互的辩论中寻求自律性的纠纷解决"(井上,246—247页)。对于这些观点,我表示完全赞同。

就和解兼辩论方式本身,井上认为"在基本没有不必要的繁琐技术和格式等阻碍交流的要因所以自由这一点及可以在和解程序上实现内容充实的交流这一点上,一方面有值得高度评价的地方,另一方面它也有冲淡口头辩论原本带有一定的辩论本质(辩论所以为辩论的基本条件和精神)的危险,正因为现行实务已经完全习惯了辩论的形骸化,所以在克服这种危险的同时发挥前者优点的一面是非常困难的"(井上,88页)。就理论上存在分歧的审理方式的性质,他认为应当将之看作兼具和解程序和辩论程序性质的"多目的、单一混合性程序方式"(井上,95页),应当以"把和解兼辩论下的交流作为符合正当程序要求、能够获得利用者信服的方式"为目标"(井上,101页)。

具体来说,他强调争点是当事人相互作用的辩论下累积形成的,具有流动性和可变性;主张争点整理方式的制度化要以法官主导下的早期发现与整理为目标,担心并批判让双方对席主义后退、认可个别会谈方式会强化当事人对法官的依存志向,最终会使该程序成为情况听取型程序。他评价和解兼辩论方式"由作为表的口头辩论和作为里的和解程序结合为一体,两者密不可分,是来自于实践的柔性结构所呈现出的一种精妙设想"(井上,131页);他注意到了如果满足一定条件就可能实现带有法律要件无法涵摄内容的"交易交涉型辩论",认为"它稍微有些危险,从而不得不小心去做。如果错一步可能坠入地狱,但如果顺利是不是可以创造出良好的结果呢"⑥,所以他不是简单地在就口头辩论的前一阶段程序进行定位,而是在提倡将这种和解兼辩论程序置于正面来重构一元辩论程序。

但是,井上的这些提议不仅存在着前述原理性疑问,而且如他自己也承认的那样,"如果没有和解判决的形成,或许难以将这种审理方式理解为正规的审理形态"(井上,121页),彻底坚持该方向就会与向来以二元程序为前提地严格区分论与阶段论存在着同样的瓶颈,难以对之表示赞同。只要它是由具有最终作出强制性判决权限或者职责的法官以与该程序

---

⑥ 《座谈会与民事诉讼法修改的视点》,载《法律时报》第 66 卷 1 号(1994年),请参照第 48 页发言。

现代社会与审判
民事诉讼的地位和作用

不离不弃的方式进行的,就很难想象井上的方向能够依理想实现。如龙奇喜助暗示、井上自身也言及的那样,它唯有在"像调停这样由没有判定权的第三人介入的纠纷解决制度中"才可能实现,那是不是必须要赋予判决和"取代调停的决定"同样性质的地位设定呢。⑯

不仅如此,以井上所说的交涉型辩论与和解判决为基础的诉讼程序如果理想地运行,与其说它会无限扩大诉讼的功能和主题,倒不如说会对审判产生过剩期待,对此如果缺乏充分的人事与制度的应对,现实中无论诉讼运行还是解决内容都会背离井上的意图去扩大法官的裁量活动范围,最终可能只是仅仅有助于推进诉讼的"非讼化"方向。⑰ 与其如此,这种顾问或者说治疗师式的活动⑱即使应当包含于法的活动,在法曹作用分担上基本上也应当委托给律师,至少最终作出强制性判决的权限交由法官是不是更恰当些呢。在法院内部如果

---

⑯ 龙奇喜助:《民事诉讼的言语与斗争》,载三月章先生古稀祝贺《民事程序法学的革新》(上卷),有斐阁 1991 年,第 63—68 页;井上正典:《民事程序论》,前注⑤,第 65 页。此外,龙奇前述论文中就井上的诉讼理论和平井宜雄基于"议论"的法律学之间的比较探讨,从本书关心的问题来看颇有意义。与龙奇相比,我的观点更接近平井的法律学论,就我对平井法律学论的观点,请参照田中成明:《法思考的笔记》(前注㊸)。

⑰ 山本克己:《所谓的"第三波"理论》,(前注㉖),第 510 页。

⑱ 对于这种活动的诉讼过程分析,参见水谷畅:《"争点整理"——和解的辩论·和解的判决》《法与交涉》,载研究会主编:《审判内交涉的理论》,商事法务研究会 1993 年。

扩大这种活动,终究还是要依靠调解程序,我也考虑井上提倡的这种诉讼程序是不是通过法院增员和任命律师兼职法官以扩大调解程序的方式来解决更合适呢。

　　我难以赞同井上观点的原因,是担心如果继续推进井上的方向,诉讼程序本身也会回避普遍主义型法的思想和理论,可能成为自治型法和管理型法短路结合的场所。尽管如此,或者说正因为总认为无论是法官还是一般民众中都有肯定并支持它的土壤,所以才对井上理论最近的发展方向持批判态度并期待他调整方向。在这一点上,我一直觉得作为"法的支配"的核心要求,坚持通过不仅包括公正程序而且包括实体法标准去界定与控制人们的行动及法官等的公权力行使,是法治主义的本质所在。或许有些夸张,不仅在评价井上理论而且在评价所有近期的后现代的纯粹程序论时,我都想提醒人们注意耶林《罗马法精神》一书在论及罗马法形式主义与市民自由之间并行盛衰关系时所说的,"形式是恣意所不容的敌人,是自由的孪生儿"。[59]

---

　　[59] R. von. Jhering, Der Geist des römischen Rechts, 3. Aufl., 2. Teil (1874), S. 471. 也可参照加藤新平:《法哲学概论》,有斐阁1976年,第456—457页。

（七）现代型诉讼的应对

如上所述，井上对 ADR 的扩充非常积极，他甚至想引入这一方案全面重构目前的诉讼程序本身；与之形成对比，在现代型政策形成诉讼的应对上却非常消极，对在这一方向上扩大诉讼功能也持批判态度。⑦

不过，井上也是自始就强调诉讼程序展开过程在法和权利形成及其正当化方面发挥作用的重要性，在这一点上我与井上的观点也是一致的。⑦ 井上认为只把判决放在心上去考虑诉讼的法创造功能是不妥当的，有必要注意诉讼程序进行自身具有的法创造作用；在这种场合，"创造具体法或规范的主体不仅仅只是法官，不能忽视当事人自己通过相互作用的程序的累积、用自己双手创造的方面"（井上，204 页）。关于这一点我在早先也一直在强调。

但是，井上把当事人间自律性相互作用的辩论的正当化

---

⑦ 高桥宏志这样评论，这样的应对"不是无条件的现代型诉讼肯定论，或者应当称之为曲折的批判扬弃论"。参见高桥宏志：《纠纷与诉讼的功能》，同前注㉖，第 206 页。

⑦ 参见田中成明：《权利的生成与审判的作用》，同前注㉙。以下的批判性探讨，在总结该文第 410—424 页结论部分的同时做了一些补充。

限定为仅有"个别纠纷中具体法形成的正当化",强调应当将诉讼的法创造功能与法政策形成功能进行区分,后者意指"审判超越个别案件的事后纠纷解决范围,直接或间接地有助于形成一般性政策以事前防止同种类被害或纠纷的作用"(井上,207页)。而且,对于将法政策形成功能作为诉讼的功能,他评价消极并持批判态度。在这一点上,我对井上所指出的也不是没有共鸣,但在重要之处观点是存在分歧的,我虽然决不赞同认为应当不加批判地追认或者推进事实上扩大审判功能的乐观论,但如在第四章详细论述的那样,与井上相比,还是认为对于扩大审判的法形成与政策形成功能应当给予肯定性评价。⑫

在我国这样的成文法主义下,确实不同于判例法主义,有必要像井上所说的那样,在理论上将审判的法创造这些一般被称为法形成的功能区分为两个方面的作用予以分别讨论。但是,即使在我国,最近在讨论审判的法创造或者法形成功能时,也是把井上所说的法创造功能视为当然前提,主要讨论通过判例形成一般的法规则的方式及其正统性,并且这一情况处于压倒性的多数。井上所理解的"诉讼的法形成或者规范创造功能以通过诉讼(程序)在该案件纠纷的当事人间生成具

---

⑫ 我自己最近关于审判的法形成与政策形成功能的观点,参见本书第四章。

体的规范或权利的侧面为中心,它并不涉及是否具有超越个别纠纷的扩大的波及效力问题"(井上,209页),是否可以说它并不是通常的看法呢。

无论怎么说明判例的先例拘束力,判例具有的"法政策形成功能或者波及效是指该案件除了诉讼之后通过第三人的力量对它放大或者扩大所具有的一定影响力"(井上,209页),能否一概断言它"是诉讼结束后的运动论、审判的政治力学问题,其好坏与诉讼法学这一学科并没有直接联系"呢(井上,210—211页)。这些说法在论及诉讼程序过程展开本身对第三人、社会一般民众所具有的事实效果时或许是恰当的。但是,把判例的功能、效果与这种事实效果同样对待会过低评价判例在审判实务中的地位及其在法应对社会变化的创造性展开中一直发挥的作用,让人不得不批判它是非现实的原则论。如果对诉讼功能完全坚持这种观点,那么甚至关于当事人间个别纠纷解决功能下,如何在诉讼外和判决后的交易交涉中有效利用诉讼程序和判决也基本上成了当事人的力量问题,完全有可能采取一种自我抑制性立场,这未必能说井上的方向可以和现行制度更好地整合吧。

不过,在思考什么程度上可以接受审判事实上具有的政策形成功能为制度上的正统作用时,井上列举的对功能扩大采取否定态度的理由中也确实有不少值得认真倾听的内容。

例如,"个别诉讼,只要是民事诉讼,它就无法逃脱只是处理某些案件、某些当事人间纠纷的程序这一性质上的本质宿命"(井上,211页);与井上一样,我也认为在现代型诉讼等诉讼同"现有通常诉讼之间划分明确的分界线,唯有这类诉讼中引入特有的理论"(井上,210页)在现行制度下是做不到的。审判的正统政策形成功能应当限定在本来的纠纷解决功能在现行司法审判制度框架内得以正确发挥的同时,以附随地、不与之矛盾地促进该功能顺利实现的方式可以发挥或者应当发挥的功能。

而且,使审判具有扩大的波及的政策形成功能有时会出现"制约个别诉讼中纠纷当事人行为选择自由"(井上,212页)的矛盾(虽说不是经常如此)也是事实,担心扩大审判功能会使程序保障空洞化也是理所当然。正如我在第四章五说明的那样,审判功能区分为保障公正参加当事人主义程序的前提下通过正确认定事实和准确适用法律明确当事人间法的权利义务关系的"固有功能"和政策形成等"补充、代偿功能",即使在现代型诉讼等诉讼中,在判断功能扩大方向和界限时也应当以能否继续准确地实现固有功能、尤其是程序保障的正统化功能的目标与作用,而且这些功能是否会受到明显损害出现空洞化或发挥负面功能为中心。逐渐强调这些也是缘于关心井上所指出的这些担心如何应对的问题。而且,对于井

现代社会与审判
民事诉讼的地位和作用

上指出的"更重要的是诉讼外公正而且透明的关系调整场所不足,首先需要解决的问题可能就是充分发挥它的作用"(井上,216 页),我也是深有同感。

除上述制度论问题外,在就审判政策形成功能的现状认识上,井上认为:"不幸的是,我国在这方面的期待和意识不是没有过剩的嫌疑,可以说它产生了法庭成为运动场所、法官因过于在意判决的波及效果,要么把案件本身以外的东西也纳入判断因素,要么不必要地萎缩这一功能等结果"。[73] 确实,目前审判的政策形成功能这一概念本身虽然获得了作为法律学讨论对象的资格,但遗憾的是,诚如井上所言,"法官一般对之持拒绝态度"(井上,211 页)的状况似乎仍在延续。但是,对于这一点,很多时候虽然有现实审判斗争中对政策形成功能期待方式不恰当的原因,但不容否认也有法官素质自身的问题,而且也有需要法官改变态度或者想法的因素,以这样的素质作为既定前提去思考司法政策的理想方式是否是本末倒置的悲观论呢。

不过,主张积极评价审判政策论的学者们的观点也是各不相同。我的观点既与美国的"公共政策""制度改革诉讼"等有天壤之别[74],也不像小岛的"公共诉讼"理论[75]那样包含有制

---

[73] 井上治典、伊藤真、佐上善和:《今后的民事诉讼法》,日本评论社 1984 年,第 102 页。

[74] 大泽秀介:《现代型诉讼的日美比较》,弘文堂 1988 年。

[75] 小岛武司:《"公共诉讼"的理论》,前注[23]。

度改革的建言，只是程度细微的一些想法。我主张对诸多法官在重要诉讼案件中事实上一直考虑的判决功能与效果，作为诉讼程序展开过程中双方当事人与法官之间相互作用的协同活动的共同课题，稍微赋予一些积极的定位，是不是比只是由法官这样那样地苦思冥想、没有必要地畏头畏脑更能减轻心理负担，双方当事人之间自律的相互主体性辩论也能更好地发挥作用呢？从法院的权限和法官的能力来看，这绝不是过高的期待，不过是提议对判例目前一直发挥的作用及审判实务向来对之倾注的关注是否可以赋予与之相适应的法理论地位而已。

我深深了解判例的法形成这一审判的政策形成功能包含着种种原理上的二元悖论。尽管如此，法院一定范围内接受这种政策形成功能为原来的纠纷解决功能的附属功能，并不一定经常就与强调当事人间自律辩论对判决的正当化作用之间存在着冲突；与其如此，倒是可以认为或者说不得不认为这种形式的法形成是恰当的，在现代立宪民主制下能够视为制度上正统的法的问题领域还有很多。如果考虑到判例在审判实务中的地位及它在法应对社会变化的创造性发展中发挥的作用，井上的这种自我抑制观点就变成了将法院功能和法官活动的诸多部分置于黑箱内、诉讼当事人和社会一般民众控制之外情况的一种追认，这显然是不恰当的。

我国法院或许应当逐渐对判例的法形成采取更加积极开放的态度。以法院恰当发挥判例的法创造功能为开端，审判外的公私纠纷解决也能以判例为指南公正地进行，进而还可能把进入诉讼的案件控制在适当规模。通过诉讼合乎时宜的判例形成和提示使行为规范和裁决规范之间的反馈机制活性化，是多元纠纷解决体系整体公正顺利运行不可欠缺的前提条件。

（八）结论

上述探讨以我自身对法体系和法实践整体的立场和理论框架为前提，几乎始终停留在一般与抽象层面，基本上运用的是同一论述方法去定型地裁减井上富有个性和多样性的理论，给人一种在观点上相对于一致点过于重视不同点的感觉。在井上眼里，或许正是与法律专门家内在视点有关的法治主义拥护论、固守"历来的、理念化习惯化的诉讼"（井上，219页）形象这种观点本身才是批判克服的对象。但是，尽管在现状认识和改革方向上存在着分歧，我也决非满足于目前日本的审判现状。历来习惯化的审判实务并没有依照理念化的诉讼理想地运行，为了日本社会恰当的"法化"，我觉得对之进行真正的改革是目前的紧急任务。

存在适合采用井上提倡的法规范和诉讼程序运用方法解决的纠纷类型，这是事实；而且也没有必要否认希望很多社会关系能以这样的法和审判方法得到充分处理。但是，现实中不容否认还会存在着只是以这种法和审判相关的方法不能处理的社会关系。我虽然充分认可井上提倡的法规范和诉讼程序运用方法在扩大法的空间视野上的意义，但作为日本社会法体系与司法制度应当推进的方向，很难赞同对于将之作为法的空间的中枢性构成与运用原理。

虽然这么说，但稍微系统地探讨分析井上理论，与其说看到与它的各种差异，倒不如说事实上深刻感觉到在日本民事诉讼理论和实务中必须和井上等"第三波"理论共同作战，突破和克服的课题很多。在民事诉讼法修改迎来最终局面，其中几个程序的修改是否真正符合"使诉讼程序易于为国民理解和亲近、使国民易于接近审判"的目标，是否真正提升了启动正式司法改革的气势，在未必乐观的状况之下，最后还想强调这一点。

第三章
民事诉讼与纠纷解决功能
——民事司法改革的背景及其射程

现代社会与审判
民事诉讼的地位和作用

01
民事司法改革的意义

（一）民事司法改革的正式展开

对民事诉讼功能停滞与脱离审判倾向的危机意识，20世纪80年代后半期逐渐蔓延到了整个法曹界。首先，法院开始实施积极活用诉讼上的和解与辩论兼和解充实或促进审理的方案及新样式判决书等。其次，律师协会也不再只是批评这种动向，而是考虑法院人力与物力条件的扩充和律师业务体制的改善，开始有组织地去面对民事诉讼实务改革。在1990年以国民易于利用、易于理解为目标展开民事诉讼法修改前后，日本律师联合会总会通过了以在国民身边设立司法为目标的"司法改革宣言"，其中将正当迅速地解决法的纠纷作为重点目标提出，民事司法终于正式成为法曹界共同关心的话题。

再者，正在讨论司法考试改革与法曹人数问题的法曹培养制度等改革审议会、法务省设立的旨在充实与发展法律援助制度的研究会提出的改革方向亦被视为有效推进上述改革的必要基础性条件而格外受到关注。而且,对陪审制与参审制、律师任职、非常勤法官制度等的探讨与建言、各种公私审判外纠纷解决程序的扩充也与改革的讨论存在着密切关联并产生了重要影响。

于是,进入 90 年代以后,我国的民事司法改革并没有停留于实务改善与程序改革,而是把司法制度改革也纳入了视野,逐渐呈现出进行大改革的迹象。① 因改革的成败将决定今后司法制度在我国社会实现的方式,所以受到了广泛关注。

稍微回顾一下我国民事司法所处环境的变化,伴随着 60 年代后半期急速都市化与产业化,社会经济结构发生变化,政治和文化状况逐渐流动化,社会开始了内发性"法化",呈现出纠纷日益外显、新型纠纷不断发生、传统纠纷解决体系丧失实效性、权利主张变得积极、各种新型权利得以提倡、诉讼案件复杂多元化等现象。这种"法化"趋势在进入 80 年代后受所有领域国际化进展中外发性因素的影响进一步加速,对法使

---

① 依据我国民事司法改革历史状况所提出的现代课题,请参见中野贞一郎:《司法改革的轨迹》,载三月章先生古稀祝贺:《民事程序法学的革新》(上),有斐阁 1991 年版。

第三章
民事诉讼与纠纷解决功能

用"内部理论"与"外部理论"区分变得愈加困难起来。

在开始能够看到这种变化的时候,三月章就呼吁,虽然民事诉讼是纠纷解决制度的核心与中枢存在,但处于功能丧失状态,恐怕"会关系到法的实效性的丧失、法的权威的失去",所以有必要改革以消除它脱离国民生活的状况。在更一般意义上,他认为我国司法制度的根本问题是"立足于消极、停滞与封闭活动平衡基础上逐步固定下来的"司法制度担当者的脆弱,他警告说如果不解决这一问题,"在不断增加的问题面前,日本司法制度会愈加背离国民的期待,一味扩大并再生产日本特有的弊病。"②

之后,交通事故、环境公害、消费者权益等引起社会关注的各种新型纠纷相继进入法院,在 70 年代前半期还可以看到对民事诉讼纠纷解决或者权利救济功能比较高的期待。但是,70 年代末期以后,由于法院在国家或公共团体等为相对方的政策形成诉讼中的消极态度,期待逐渐变成了失望或者悲观。虽然也有观点预测称诉讼作为日常性的纠纷解决方式会慢慢在社会中生根,可是一般民众回避审判的倾向基本没有变化,民事诉讼案件数量近十年没有变化。不但如此,司法

---

② 参见三月章:《诉讼:其本质界限的究明、现状的反思及改革方向的探求》,载氏著《民事诉讼法研究》(5),有斐阁 1972 年;三月章:《司法制度的现状及其改革》,载氏著:《民事诉讼法研究》(6),有斐阁 1973 年。

制度依然游离于国民生活之外,法院因其官僚化、僵硬化被视为"孤傲的王国"③,在有关人士和一般民众看来律师协会对于各项改革的应对及律师业务体制中反映出的保守与维持现状的态度也是日益严重。

再来看最近的发展,对于进入 90 年代终于正式启动的民事司法改革,不乏为时已晚的观点。但是,正是因为环境变得如此严峻,民事司法改革虽然蕴含着内部的对立与紧张,但也有引发全体法曹界共同关注的一面。现在正在进行中的被称为"平成改革"的一系列改革,能否反省民事诉讼法制定后一百年、战后司法改革后五十年的业绩,创造出可以面向 21 世纪的成果,值得关注。

(二)改革背景与问题所在

1. 1990 年前后,无论是作为我国民事诉讼制度母法的德国法,还是战后对我国司法改革产生巨大影响的美国法都启

---

③ 参见朝日新闻《孤傲的王国》采访组:《孤傲的王国:法院——来自于司法现场的报道》,朝日新闻社 1991 年。

动了民事司法改革④,我国的改革讨论中也是经常论及这两个国家的动向。日本、德国和美国反映在改革方向、讨论的争点及对立结构上的差异,不论从各国法体系、司法制度、法曹、法的思考和法文化比较研究的观点,还是从法、国家与正义等基础问题的原理考察观点都提出了颇有意义的需要多层面探讨的疑难问题。

民事诉讼的实务、程序和制度都具有高度的专业技术性,改革不得不或多或少地进行现实的妥协,强调讨论改革的原理背景与射程的深度和广度作为妨碍改革顺利推进的思想,在法律学考察中很容易敬而远之。但是,现行民事诉讼制度本身是以一定思想体系,具体而言就是以自由法治主义⑤为前提或者内涵的,这是无法否认的现实。自由法治主义为现行法体系与司法制度、法的思考与法曹提供了自立性的存在理由,并且在以辩论主义或者当事人对立主义为基调的民事诉

---

④ 关于这些改革的大概情况,德国的请参见 Dieter Leipold:《德国民事诉讼法的最新修订及修订计划》,出口雅久译,载《法学研究》第 66 卷 5 号(1993 年);林道晴:《一九九零年司法简化法后的德国民事诉讼法实务》,载《法曹时报》第 46 卷 10 号(1994 年);美国的请参见古闲裕二:《美利坚合众国的民事司法改革》(上)(下),载《法曹时报》第 44 卷 11 号、12 号(1993 年);大村雅彦:《美国民事审判的现状与改革方向》(上)(中)(下),载《国际商事法务》第 21 卷 5 号、6 号、7 号(1993 年)。

⑤ 关于法治主义与法体系、司法制度、法的思考之间的联系,参见田中成明:《法的思考与思想体系》,载氏著:《法的空间》,东京大学出版社 1993 年版,第 211—214 页。

讼程序中以最纯粹的形式得以制度化。但是,自由主义思想体系所支撑的诉讼制度的妥当基础随着现代法体系在福利国家和社会国家下的功能扩大与结构变化,虽然一直得到修正或强化,但显然已经在发生动摇。而且,整体上法的不确定性在增大,尤其在最近受后现代政治、社会、思想及文化的影响下,所有规范性事物权威的发生动摇、陷入正统性危机,也波及"法"并加速了处于其核心地位的诉讼的不稳定。

70年代后半期开始,以德国和美国为中心活跃起来的"法化""非法化"讨论也是在这种现代法动摇和不确定性增大的背景下展开的。在德国和美国,如第一章第三节所看到的那样,虽然二者讨论的层面和关心的方向有相当大的差异,但作为现代"法化"过剩状况下打破法体系与司法制度界限的战略在诸多内容上却是共同的,他们都重视活用法的"程序化"和非正式的规制或调整手法,对民事司法也都寻求积极活用或者扩充各种替代性纠纷解决程序。颇有意思的是,这时对传统诉讼程序(判决程序)实现正义这一构成自由法治主义核心的理念表示怀疑和不信任的,不仅有对现行法体系整体持批判态度的学者,而且还有居于司法制度中枢指导性地位的法律家或者法学家。后者公然表示出这种态度,而且言及日本社会回避诉讼的态度和法院附设调停程序等才是理想的模式。⑥

　　与德国和美国的发展相呼应,即使面临着"法化"不足与民事诉讼功能停滞问题的我国,近二十年有关 ADR 的评价如第二章第一节看到的那样,在论调上也逐渐经历了从"全面否定论"、经"现实中的消极容忍论"到"理论上的积极肯定论"的变化。这种变化对诉讼上和解的活用、辩论兼和解的制度化等民事诉讼程序改革中重要论题的讨论方向具有显著的影响。而且,在支持 ADR 的论据中,除了运用诉讼(判决)程序的成本·风险这种在任何国家都可以看到的普遍性理由外,还包括日本异性质论的理由,认为近代西欧式的公开场合讨论并就权利义务一刀两断裁定的诉讼(判决)程序不符合日本传统文化或者日本人的国民性,80 年代以后尽管有国际化的进展,但这一理由同欧美一样,也逐渐得到了处于我国司法制度中枢的具有指导地位的法律家与法学家的支持。⑦

　　2. 如果结合上述"法化""非法化"讨论来看我国民事司

---

　　⑥ 代表作例如,Warren E. Berger(美国联邦最高法院院长),Agenda for 2000 A. D. -Need for Systematic Anticipation, in 70 Federal Rules Decisions (1976);"Berger Isn't There a Better Way?", in *American Bar Association Journal*, Vol. 68 (1982);Frank A. Sander(哈佛大学法学院教授),"Varieties of Dispute Processing", in *Federal Rules Decisions* (1976)等。

　　⑦ 请参见矢口洪一:《在最高法院的日子》,有斐阁 1993 年版,第 123—125 页、第 135—137 页;三月章:《民事审判的动向及今后的课题》,载《新实务民事诉讼讲座》(1),日本评论社 1981 年,第 18—20 页。

法改革的现状,就会发现即使是几乎同样的程序或制度,在讨论改革的争点和对立结构上,像德国和美国等以"法化"过剩为主题的国家和日本这样以"法化"迟缓与不足为问题的西欧诸国都有非常复杂的共通性和特殊性。

目前如果进行模式的比较,日本民事司法改革是以审理的充实和促进、法曹增员、扩充法律扶助等为重要目标,但是这些基本以信赖诉讼程序与法律家为前提的"法化"要求除诉讼促进外,在德国和美国最近的讨论中都没有像日本这样重视,在这些方面不容否认我国的"法化"不足。对此,那些得到积极活用和制度化的法院附设和解或者调停程序、辩论兼和解等程序和实务惯例,虽然经常以同日本传统文化与日本人国民性有关而作为赞成或者否定它的理由,但是在德国和美国却是经常作为"非法化"战略一环的ADR扩充方式予以提及的,用"接力赛中迟到一周的第一棒"这一比喻来描述这一特点可能比较适当。

可是,德国和美国应对"法化"过剩的"非法化"战略与日本这样"法化"不足状况下的"非法化"战略难道果真是同一方向,发挥着同样功能吗?如何统合地理解我国民事诉讼的"法化"要求和"非法化"战略呢?在民事诉讼改革的讨论中,民事诉讼发挥什么作用可以认为是理想的呢?在民事诉讼改革推进过程中,民事诉讼能够依然处于法体系的中枢地位、继续作

第三章
民事诉讼与纠纷解决功能

为"法"核心得以具体实现的场所吗？还是转化为让这一核心自身扩散、推进法体系的脱中心化与脱规范化趋势的场所呢？

在这一章，笔者将根据第一章第三节对"法化""非法化"讨论的理解与整理，尝试就现代重新规定民事诉讼作用的主要原理争点进行若干法理学考察，以明晰这些与民事诉讼改革密切相关并且逐渐显现出来的法理论侧面。

我的基本兴趣在于把现代"法"的扩散倾向纳入视野，同时结合传统上一直被视为典型法的程序的民事诉讼的改革展开讨论，阐明其核心特质和存在理由。具体而言，为了准确阐明民事诉讼在现代社会的作用，在确认统合地理解不仅包括判决也包括诉讼上的和解在内的全体诉讼程序过程所不可缺少的现状和背景基础上，在比较以美国为主的讨论动向的同时，以立足于相互主体立场、推动我国法体系和司法制度作为自由公正社会对话性调整论坛的可能性及其条件为焦点，就现代社会民事诉讼在纠纷解决过程中的地位、它所运用的讨论与交涉等法技术变化或者转变、期待法官与律师发挥的作用及其正当性等作一考察。

此外，由于本章涉及的每个争点在法实务、法律学与立法政策的讨论中都已经有众多优秀研究成果公开发表，这里重点在于描述这些争点相互关联的整体结构。

▶ 02
社会的"法化"与民事诉讼

(一) 通过民事诉讼对社会"法化"的回应

1. 60年代后半期以后,随着交通事故、公害环境、消费者权益等纠纷的增加及其中相当一部分进入法院,日本社会也开始急速推进"法化",民事诉讼在纠纷解决与权利救济中的作用逐渐引起了社会广泛关注。⑧

这些诉讼的增加可以认为是三个层面"法化"的结果:第一,法体系外社会层面的变化,由于新型纠纷不适合采用以往社会内部非正式的调整或者解决机制,或者因社会结构与社会关系的变化这些机制已经无法有效运行所致。

---

⑧ 就以下简单描述的民事诉讼法最新动向的稍微详细具体说明,请参见田中成明:《现代日本法的结构》(增补版),悠悠社1992年版,尤其第2章、6章、7章;田中成明:《法的思考方法与运用方法》,大藏省印书局1990年版,第5章、6章。

第二,法体系内部制度应对的不完备。尽管国家、公共团体通过资源分配的管理型法已经在广泛地监护或者介入社会经济生活,但以之为主围绕行政法运用的纠纷解决与权利救济机制的完备一直迟缓。第三,决定关系人意识与行为的法文化的变化。法体系的内外变化使人们对纠纷的规范性认知框架发生变化,权利主张的积极化、新型权利的提倡等使纠纷作为法的权利义务问题予以认知,自主性调整与解决就变得困难起来。

在这些诉讼中,当事人双方都是个人与中小企业的案件虽然在数量上处于压倒性的多数,但是一方当事人为大企业、国家、公共团体的案件却一直在增加。尤其是后一类案件,很多情况下已不再是单纯地依据现行法规范的事后个别解决纠纷,而是被期待通过诉讼具体确定和变更现行法规范不确定的内容及进行政策批判等,直接或间接地发挥将来的一般的政策形成作用;相对于诉讼案件数量的增加,复杂多样化的质的变化更值得关注。尽管如此,可是律师聘任状况几乎没有变化,地方法院审理的案件中双方都聘任律师的情况不足50%,简易法院本人诉讼的比例越来越高。

对于这些诉讼,法院一般来说对于通过损害赔偿对被害进行事后救济还是相当积极的,正如在四大公害诉讼等典型案件反映出来的那样,它会结合具体情况、酌情考量社会一般正义与衡平感去应对。但是，对于禁止请求等事前预防被害的措施，包括对国家、公共团体等政策批判的请求、要求通过判例承认新型权利等却是态度消极，尤其是70年代以来的现代型政策形成诉讼中不依原告期待判决的案件在逐渐增多。其中固然有纠纷本应由立法、行政解决才恰当，虽进入法院但法院在制度上又难以或者不可能进行判断与救济的原因，乃至于现行法框架内可以进行充分判断与救济的案件，法院（特别上级审中）也采取过度自我抑制态度。70年代对民事诉讼的期待高涨，进入80年代后却逐渐开始冷却，大概可能也与法院的这种态度有关吧。

在现代型政策形成诉讼中，原告方鉴于法院的消极态度逐渐展开了另一种战略，也就是即使败诉，但仍然期待可以通过诉讼提起、法庭辩论及判决内容对立法和行政过程具有提出问题、公开情报及明确争点等间接的波及效果。法院在意识到这种效果后虽然经常消极、畏缩，但还是有运用旁论等方式表明意见的情况。认识到法院一直以来是从整体上看待对立法或行政的波及效果⑨，暂且不论具体判决内容是否正确，这大概也可以认为是系统论的"法化论"重视"间接控

---

⑨ 例如，朝日新闻《孤傲的王国：法院——来自于司法现场的报道》（前注③）一文中原最高法院矢口一元院长的发言。

制"的日本版吧。⑩

而且,在诉讼案件中,虽然以诉讼上的和解终结的情况在地方法院是30%多、简易法院为20%前后,但是整体上对和解的评价却是趋于肯定。像现代型诉讼,虽然在当初的四大公害诉讼中还能看到"判决派"与"和解派"的对立与分裂,但是到了森永牛奶中毒案件、Smon案件等这些法的判断存在分歧、仅仅依靠司法救济无法恰当解决的纠纷中已经在活用和解,在以国家、公共团体为被告的诉讼中以和解终结的情况也是颇为引人注目。最近,国家在水俣病第三次诉讼中连续拒绝法院的和解劝告反而招致了众多议论,这一诉讼中和解是否成功对于纠纷解决中法院与立法、行政机关之间的作用分担具有重大影响。⑪

2. 如果从法院的这种应对态度去看它对民事诉讼制度的作用和守备范围的自我认知,就私的纠纷事后个别解决而言,它对扩大包括积极活用和解在内的作用都是积极的。需要改变现行法规范时,在同立法和行政部门政策不对立的领

---

⑩ 就法院对现代型诉讼的应对态度,将在本书第四章探讨。此外,虽然是关于宪法诉讼,但仍然有意义地指出这一点的,请参见奥平康弘:《司法审查的日本特殊性》,东京大学社会科学研究所编:《现代日本社会(5)・构造》,东京大学出版社1991年版。

⑪ 指出法学者、律师及法官之间思维方法差异的文献,如加藤一郎:《司法与行政——以水俣病为中心》,载《判例时报》第782号(1992年);松野信夫:《和解劝告的考察——以水俣病为中心》,载《判例时报》第792号(1992年);田尾桃二:《战后的民事审判》,载《书协会报》第120号(1993年);等。

域形成新判例也是积极的。与之相对,在含有批判立法和行政部门政策的纠纷中,对于独自提出对立的判例去判定或救济权利却是消极的,法的判断存在微妙分歧的情形下,能够透视出法院寻求运用和解基于同意去扩大对被害人救济的倾向。

　　法院基本上未必会拘泥于通过判决、依据法进行权利判定或者救济,它虽着力于具体纠纷的合理解决,但在获得当事人同意上仍然反映出它运用公权参与为社会提供广泛监护性服务的倾向。与之相对,对于判例的法形成有稍微落后于社会变化的感觉,虽然也有相应的考量,但判例对立法、行政过程的波及效果总体上是抑制法形成的作用,在公权力机关相互的抑制—均衡关系中是谦抑的。而且,即使在和解中,与促进由当事人主导的自主纠纷解决相比,虽然很多情况下当事人也期待如此,更多的是依赖法官本身的判断进行调整;整体上可以认为,和解是否成功与法官家长主义式考量与手腕有关,对于这种裁量所针对的当事人的程序保障未必充分。

(二)作为多种法制度回应环节之一的民事诉讼

　　法院在民事诉讼中的上述回应是否恰当未必只是法院对自身作用认识的问题,必须将它作为有关包括法律家在内的

第三章
民事诉讼与纠纷解决功能

法体系整体应对能力和态度、社会内部纠纷调整与解决体系、立法与行政等政策形成过程的运行状况、支配性法文化及法观念等,规定法纠纷发生、增加或者复杂多元化的诸要素中的一个函数予以理解和评价。民事诉讼的中心作用虽然是合理解决一个个纠纷,但是这样的解决同时还必须确保或者促进审判外纠纷解决与政策形成过程公正且实效的运行。

1. 进入民事诉讼的纠纷在很多场合下基本上可以认为反映了公私纠纷解决或者政策形成过程的病理现象。所以,相对于德国和美国,我国人口相对诉讼案件的比率虽然较低,但是如果这是公私纠纷解决或者政策形成过程顺利运行结果的话就没有什么问题。如此理解的观点在国内外并不是没有,但它可能并非一般的观点。

在整体的纠纷解决与政策形成过程中,为了使民事诉讼能够恰当地发挥预期的作用,有效地保障当事人在不能自主解决法纠纷时最终可以在法庭上主张自己的法律意见并接受由法官依法判定与救济的权利是必不可少的。可现状却是,即使能够通过现行诉讼程序进行权利判定与救济,也即便当事人希望利用诉讼,但由于诉讼利用困难等难以接近诉讼的原因,很多情况下当事人不得不忍气吞声或者接受不利的解决。还有些情况下,即使提起了本人诉讼或者委托律师提起了诉讼,面对的也是形式和专业技术上难以理解的程序、"五月绵绵细雨式"持续的形骸化的口头辩论,既花费时间和金钱也完全无法充分满足当事人的需求。

所以,首要的是通过扩充接近诉讼的途径和充分发挥诉讼的功能来完善法体系在制度上的应对能力,使诉讼具有一般人能够感觉到的现实可利用性和时效性,是恰当应对社会"法化"必不可少的前提条件。我国制度不完善的现状是能够运用日本人的国民性和司法救济的原理界限等予以正当化阶段以前的状况。急于改善这一现状地推进"非法化"战略,无论对法体系整体还是对于司法制度都无异于挖去"法的支配"的存立基础。

各种"非法化"战略在接近作为最后屏障的诉讼及以其活性化为中心的"法化"充分完成的法状况前提下才有意义。这一点无论如何强调都不为过。

2. 但是同时,即使完备了这种以典型法纠纷为基础的路径,由于像小额轻微定型纠纷这样不适于采用诉讼的重型装备、只需要略式程序救济的纠纷,现代型诉讼这样包含政策判断和需要高度专业技术判断、运用现行实体法规范和诉讼程序难以或者不可能恰当审理和解决的纠纷的增加,如何处理这些纠纷显然仍然还是法院面临的重要的现代性课题。

首先,关于前者小额轻微定型的纠纷,一般来说它历来利用的是法院内的督促程序和调停程序,消费者纠纷广泛利用的是 70 年代创设的行政苦情投诉与纠纷处理机构,它们一直被认为是适合由符合简易迅速的权利救济标准的 ADR 处理的典型纠纷。很早以前就已经有人提出在简易法院创设特别小额诉讼案件程序的观点,本次民事诉讼法修改时也成为重点内容之一。但是,就是在工商业者经常习惯地运用它收取小额债权这方面,以从费用或者能力等观点来看它是否真正地发挥为需要该程序的人便于利用的制度功能为代表,也存在着众多瓶颈,最近几乎没有支持者,甚至有怀疑其必要性或实效性的观点。[12]

无论怎样,以略式民事诉讼程序、诉讼外司法 ADR、行政 ADR、律师协会主导 ADR 及工商业界团体主导 ADR 中的哪一个为基轴,用什么样的组合去公正而实效地解决对当事人与律师双方经济上都不划算的小额诉讼纠纷都将是今后民事司法改革的重要课题。

其次,关于后者现代型纠纷的应对,虽然法院态度过于消极存在问题,但还是应当坦率地承认现行实体法规范与诉讼程序有原理性局限,不修改制度情况下司法权限范围内不能恰当解决的情况会一直增加。对于这些情况,如在第四章详细探讨的那样,只要不损害诉讼的固有功能,扩充司法特有的

---

[12] 例如,宫川知法:《消费者纠纷与小额事件程序》,载《民商法杂志》第 110 卷 4、5 号(1994 年)。

现代社会与审判
民事诉讼的地位和作用

权利判定或者救济有时无疑会是必要而且理想的方式,但是它终究是补充或者说替代功能,如何才能恰当地应对应当取决于当时审判外纠纷解决或者政策形成过程的实际情况、人们期待审判发挥的作用等相关因素。

对于这些法的纠纷,既有在以国家、公共团体为相对方的诉讼中经常看到的立法或行政层面规制、保护及调整方式问题,也有像津市邻人诉讼⑬这样的当事人所处组织或关系内部自主调整或者处理能力弱化等问题,很多情况下不得不求助于诉讼进行托依布纳(Gunther Teubner)所谓的"规制的三难困境"*以

---

⑬ 关于邻人诉讼,请参见星野英一主编:《邻人诉讼与法的作用》,有斐阁1984年;小岛武司、山口龙之:《邻人诉讼研究》,日本评论社1989年。

* 托依布纳将现代福利国家法化带来的问题规定为"规制的三难困境"。它包括三种情况:第一,法体系和其他社会体系之间产生的"相互无视"。无论社会政策上多么要求法并且需要采取法的措施,但如果它无法适应法的规范构造,就无法为法所调整。第二,法与社会的不统合。虽然"相互无视",但社会政策对法的要求越来越强,与之相适应法也希望统治其他体系、尤其是社会生活领域的场合,这些领域的固有社会文化、社会统合及文化的再生产领域因法的介入可能会危及固有的自我再生产条件。第三,社会与法的不统合。其他社会体系的侧面把法不可能维持其固有理论的要求摆在面前,如果强迫构成其要求,法的规范性这一事物就处于危机边缘的绝对性界限,法体系自身也到达了瓦解的阶段。简言之,托衣布纳所谓的"规制的三难困境"就是虽然法是自我准据的"自创生系统",但是由于为了实现福利国家的目的,国家介入和规制被作为工具去过度地满足社会多种多样的特殊要求,进行相应的规制;结果,法和社会生活领域的体系之间各自的再生产过程就产生了障碍。参见 Gunther Teubner, Verrechtlichung-Begrife, Merkmale, Grenzen, Auswege, in F. Kübler(Hrsg.), Verrechtlichung von Wirtschaft, Arbeit und sozialer Solidarität(1985). S. 289—344.(也可参见托依布纳:《法化——概念、特征、界限、回避策略》,樫沢秀木译,载《九州大学法学评论》第59号(1990))——译者注

及哈贝马斯所谓"生活世界殖民地化"*的事后处理⑭;也有不适宜由法院直接进行权利判定与救济,以及司法参与反过来可能会妨碍政策合理形成或自律解决的情形。在这些情况下,民事诉讼程序过程如果发挥公正讨论与交涉论坛最后堡垒的功能就足够了;只要没有双方当事人合意的成立,难以否认维持现状的判决这种应对也是一项充满智慧的司法政策。但是,即使在这种场合,无论是根据判决抑或根据和解,都应当考虑程序展开过程及其结果有利于支持或促进公私纠纷解决或政策形成的正当化的方案。

3. 不管怎么样,对于现代社会进行"法化"所导致的纠纷增加与复杂多样化,法院仅仅运用包括诉讼上的和解在内的通常诉讼程序、非讼程序或者调停程序等法院内程序应对是有局限的。这就有必要确立立法措施、行政规制与保护等公

---

* 在哈贝马斯的交流行为理论中,进行交流行为的主体借助于言语的媒介、通过讨论形成了解的生活领域是"生活世界",它彻底贯彻通过讨论的社会统合和交流的合理性。与之相对,系统论以工具的合理性为主要内容,相对于这里讨论层面的了解与合意更加注重通常层面的目的达成和成果获得为目标。所以,在国家介入常态化的资本主义社会后期高度分化的政治和经济体系侵入生活世界,侵蚀了生活世界符号的各种再生产功能。换言之,具有完全性质不同的统合原理系统性地改变并统合着属于生活世界的行为领域。参见 Jügen Habermas, Theorie des kommunikativen Handeln, Bd. 2(1981),S. 522—48(也可参见哈贝马斯:《交流的行为理论》(下),丸山他译,未来社 1987 年版)。——译者注

⑭ 目前,除本书第一章第三节外,还请参见马场健一:《法化与自律领域》,载棚濑孝雄主编:《现代法社会学入门》,法律文化社 1994 年版,第 73—79 页。

的应对，与完善保险等市场机制、社会网络等私的应对之间恰当的作用分担与协作关系。

　　如果来看最近"法化"过程中引起社会广泛关注的纠纷，在交通事故纠纷的场合，对于救济的实效化和纠纷的减少，虽然通过诉讼的判例累积、赔偿额计算程序明确化与定型化及公开也很重要，但是损害责任赔偿保险的完备、交通事故纠纷处理中心的创设等各种诉讼外制度的加权作用却是决定性的。在公害环境纠纷的场合也是如此，以严重的被害诉讼为契机，通过法令的制定和修改采取了各种预防和救济措施，既有国家和地方自治体强化行政规制，也有企业采取积极的预防和救济措施，还有国家和地方自治体创设行政的 ADR，这些法制度的应对在打破诉讼对司法救济的垄断之后仍然在继续发挥着重要作用。在消费者纠纷的场合，诉讼中通过判例的法形成本身成果虽然并不显著，但以消费者保护基本法为代表的各种立法规制与保护得以强化，也由于小额纠纷较多，地方自治体的 ADR 发挥了非常重要的作用。对于围绕制造物责任的纠纷，虽然制造者承担无过失责任的制造物责任法饱经曲折于 1994 年才颁布，但值得关注的是运用保险应对的同时，主要工商业界创设 ADR 的趋势越来越强。

　　这些法制度应对不仅推进着民事诉讼纠纷解决程序的多元化，也迫使理论重新反思民事诉讼自身的地位和作用。同时，还影响到直接或者间接参与这些程序运用的法律家的思考或者活动方式，这些变化或者转变进一步促进着利用这些程序的一般人的意识和行为的成熟。

为此，就要求参与民事诉讼的法官将上述制度背景纳入视野，在直接地仔细观察判决与和解的双方的同时进行诉讼指挥。律师被期待在一方面考虑说服法官相信主张的法的正当性，一方面考虑应对当事人利益或者需求的同时，展开同相对方诉讼外或诉讼后交涉相互联动的法庭策略。而且，律师还被强烈要求不仅参与公私 ADR 的运用，而且扩充法律咨询、预防法学活动等法院外法的服务范围。其结果，就有律师对法规范和诉讼程序视点多样化、与法官逐渐出现视点分歧的倾向。

在现代国家下通过资源分配的管理型法对权利和利益的保护或救济虽然整体上变得很充实，但由于其具体内容不确定，很多情况下不得不委诸于法运用者进行裁量判断，其实现手段也很复杂。对于这些权利和利益的实现，即使不可缺少本人自己的努力，但仅有这一点还是不够的，整体上对行政的家长主义式照料或者介入的依赖倾向强，以律师参与为代表的司法支援状况明显落后。即使在民事诉讼，尤其是在本人诉讼中，对法官家长主义式监护作用的期待也很大，在聘有律师的案件中有关诉讼指挥方式变得更加微妙。

对于法官和律师作用的这种扩大或者变化应当注意的是,法体系对社会"法化"的多种制度应对的所谓严格一面的变化,与动用法体系的立场和思考的柔性一面的变化是平行并进的,法官与律师的作用显然也受这种变化的影响。这种对法体系立场和法的思考的现代变容的观点也迫使人们重新探讨民事司法制度的存在方式。

(三) 民事司法改革的争论焦点

正在进行的民事司法改革眼下讨论的中心是民事诉讼的程序改革。但是,程序改革的任一重要事项如果不一方面伴有法官与律师的意识、行为及实务惯例的改革,另一方面伴有法院人力物力条件的扩充、律师的增员及其业务体制改善、法律辅助制度的充实等制度改革,都不可能有效地实施。这一点虽然会因立场不同侧重点有所差异,但却是有关人士的共识。

民事诉讼程序改革提出了"建立国民易于利用、易于理解的诉讼"的口号,作为重要课题强调充实与促进审理、易于接近审判。这些课题虽然关系到对纠纷的复杂多样化和小额轻微定型纠纷的"非法化"应对这一现代问题所以也很重要,但是在此之前首要的是必须要认识到作为"法化"应对的基础性背景条件,甚至连民事诉讼预设的通常典型纠纷也处于非常不充分状况的根本性制度缺陷。这样的司法容量及支撑它的主体匮乏的制度性缺陷,正如本章开头所提及的那样,是以本次程序改革核心成员三月章为代表的众多相关人士很早以来就一直指出的。

随着日本社会的"法化"逐渐同国际化的发展联动推进,这样的司法容量和主体的差距对以经济为代表的其他领域的影响也逐渐增大,终于开始动摇了政府和相关法曹人士维持现状与保护职业利益的态度。现在正在进行的改革必须是不把我国司法容量和主体现状的贫困作为给定条件现实应对予以固定化、还经得起国际比较的司法制度改革。并且,这种改革的必要性还必须以国民充分理解的方式推进,这是日本社会在法制度上应对"法化"时最重要的课题。

对于法体系整体而言,无论具体采用什么样的"法化""非法化"战略,这样的司法容量和主体的扩充强化都是法体系作为自由公正社会的支柱,一个在国际还是国内发挥相应作用所必不可少的前提条件。

在确认上述制度改革对完备司法整体基盘的重要性和必要性基础上,如果聚焦于民事诉讼程序本身,大概首要的就是充实与促进审理这一中心课题。有众多有关人士认为,即使进行上述制度改革,但如果现行诉讼程序不进行适合现代诸条件的改革,程序就会难以顺利运行。因此,观点上几乎一致地认为要使构成充实与促进审理关键的法庭辩论活性化,有必要完备整理程序和证据收集程序等前提条件。在这次修改中,一方面在充实现行争点等整理程序的同时,创设新的辩论准备程序、使争点整理程序多元化;另一方面充实文书提出命令等现行程序、设立当事人照会制度等新的证据收集程序等,这一问题也成为重要的探讨事项。但是,如果说到这些改革方案如何具体化,可以看到围绕法官与当事人作用的分担、程序保障的方式、制裁的运用方式等,还涉及国家论和正义论的基础性观点的分歧。

在探讨这些程序问题时,至少有必要区分通常典型纠纷、复杂现代型纠纷、小额轻微定型纠纷予以讨论。而且,也与这一区分相关,作为涉及制度改革的重要争点,还应当探讨律师诉讼与本人诉讼之间的程序差异。

构成现行民事诉讼基础的专门技术性、形式性程序本来是双方均雇有律师才能顺利运行的程序。但是,由于广泛地承认本人诉讼,应对本人诉讼被作为强化法官家长主义式监护的管理型"非司法化"、程序非正式化的自治型"非司法化"的正当化理由。但是,在现实中这种倾向也容易影响到雇有律师的诉讼,有正在成为民事诉讼作为本来的普遍主义型"法化"典型场所运行的障碍的感觉。在寻求纳入ADR实现民

第三章
民事诉讼与纠纷解决功能

诉讼程序多样化、以应对纠纷复杂多元化的场合,这是不是进一步提高了原理上区分承认本人诉讼的案件和采用律师强制主义的案件去探讨采用不同诉讼程序的必要性呢。[15] 不恰当地面对这一问题,就难以对最近以批判法律家支配为基调的"反法化"诉讼改革论[16]提出令人认可的反论。

而且,对于强化法官职权主义的裁量式诉讼指挥的倾向,应当予以批判与纠正,强化并扩充当事人主导方式和参加程序的保障。这虽然基本上是应当予以支持的方向,但其内容却因律师和本人不同而差异很大,并且如果诉讼程序吸纳ADR 趋于灵活化,律师和本人利害关系未必一致的情形还会增加。[17] 本人诉讼中让本人同意的程序和委托律师代理诉讼由本人认可的程序在原理上应当是有差异的。因此,构想民事诉讼程序理想方式的原型终究还是双方均有律师的情形,一方或双方没有律师的情况可以看作它的变型,应当避免因诉讼原型分散所导致的讨论分歧。

---

[15] 就我国民事诉讼制度没有采用德国律师强制制度所产生的问题,参见中野贞一郎:《司法改革的轨迹》,前注①,尤其是第5—6 页。

[16] 作为原理性问题提出,其批判性探讨留待它处,参见和田仁孝:《民事纠纷处理论》,信山社1994 年,第 6 章 2 节。

[17] 对于目前的脱离审判倾向与审判外 ADR 扩充运动,既有对法院的批判,也有对律师的批判,不能忽视其背后是对法律职业整体的不信任。即使关于律师活动,与医疗过错等一样,专业人士的法责任逐渐被作为问题也与这一倾向有密切联系。

现代社会与审判
民事诉讼的地位和作用

　　为了充实与促进审理,在不把现行诉讼(判决)视为至高无上、酌情活用 ADR 这一点上,我国确实存在着甚至在欧美也可被视为"非司法化"战略范本的实际业绩。但是,如果以第一章确认的欧美和日本"法化""非法化"讨论的异同为背景展开讨论,那么作为应对民事诉讼改革中"法化"和"非法化"交错的方式,如何理解与评价辩论兼和解等诉讼与和解的融合倾向是非常复杂的争点。对于辩论兼和解,不仅是它是否符合口头主义、直接主义及公开主义等原则的法解释论问题,还应当多方面探讨这一实务惯例产生并广泛运用的理由与背景并将它们有效地运用到今后的改革中去。虽然无论在比较法上还是法理学上它都提出了重要问题并蕴含着原理上的争点,但是在民事诉讼法修改中,不必说明确辩论兼和解与新争点整理程序(辩论准备程序)之间的关系,甚至还不得不怀疑有奇妙的不透明度增大的感觉。[13]

　　关于民事诉讼的作用,不能只是限定在判决上,还应把程序过程纳入视野,甚至说把重点放到程序过程上,如果认为判决与和解为案件处理的两轮的审判实务能够成为一般现象,那么辩论兼和解这样的实务惯例产生就有充分的理由。问题是这一在诉讼法理论中历来性质模糊的实务惯例固定下来或

---

[13] 这种疑问经常被提出,例如萩原金美:《民事诉讼法修改与争点等的整理程序》,载《判例时报》第 812 号(1993 年),第 23 页。

者制度化后对民事诉讼特征和作用会有什么样的影响,它是有利于法体系核心功能的活性化还是导致其空洞化呢?

基本而言,这一争点与诉讼上的和解在民事诉讼程序中如何定位具有密切联系。[19] 可以说,诉讼上的和解在全体ADR中在同诉讼(判决)程序具有若即若离关系这一点上具有特别的地位,作为民事诉讼改革中"法化"和"非法化"的交叉点,它的统合理解是问题的关键。

为明确这次民事诉讼法修改射程的深度和广度,以下聚焦于这些原理争点,从确认主要背景争点的问题状况开始考察。

---

[19] 参见高桥宏志:《民事诉讼法修改与辩论兼和解》,载《判例时报》第847号(1994年),第35—36页。

03
围绕改革的原理争点的对立结构

（一）诉讼在民事纠纷解决过程中的地位

从传统法律学视点来看，诉讼在纠纷解决中虽然处于与和解、调停等方式并存的相对地位，但是作为一般的、公权的与强行的解决方式，诉讼却被视为是一种核心存在。可以认为即使在民事司法改革讨论中，也是忧虑诉讼的这种核心地位的功能停滞，关注的重点是完备其合理发挥功能的各项条件。[20]

但是，判决的特质是依据实体法规范通过判决权利进行判定或者救济并最终在制度上保障它的强制实现，可以看出诉讼的这种核心地位一直是通过判决的这一特质正当化的。

---

[20] 例如，三月章的《诉讼》（前注②）、中野贞一郎的《司法改革的轨迹》（前注①）等都是以这样的观点为前提的代表性作品。

所以,就民事诉讼目的的学说在采用纠纷解决说的场合,在赋予诉讼核心地位的基础上,与实体法的权利判定或救济之间的规范性联系只是手段性、制约性地位,法官的公权力活动与解决的强制实现可能性显然不得不成为中心理由。而且,诉讼程序内吸收和解,把判决与和解定位于案件处理两轮的做法虽然变得容易了[21],但反过来却使通过实体法的权利判定或救济的规范侧面正当化法官活动整体上变得更加困难;关于诉讼上的和解的正当化,让法官公权活动基于当事人合意的倾向不得不越来越强。

这样,与诉讼中判决作用相对化、重心向包括和解的程序过程本身的纠纷解决功能转移大致同时,民事诉讼制度也逐渐从设立者或者实施者的视点转向对利用者视点的强调。结果,即使诉讼在纠纷解决中处于中枢地位的传统法律学观点,在考察诉讼作用时具有的排他或者优先地位也开始动摇。

例如,以彻底贯彻利用者视点构筑民事纠纷解决程序论为目标的井上治典,就认为民事诉讼不过是多元化纠纷解决方式中的一种而已,它并不是纠纷解决的最终局面,在与诉讼外方式交错运用时可以发挥解决过程中一种里程碑的作用就足够啦。而就民事诉讼目的,他以彻底坚持法的程序化、脱规

---

[21] 参见高桥宏志:《民事诉讼目的论》(二),载《法学教室》第 104 号(1989)。该文第 56 页注⑤介绍了章野芳郎法官的观点。

范化为目标,提倡剥离它与判决之间的联系、以程序独自内在功能为中心的程序保障说,强调它与诉讼外自主纠纷解决过程之间的连续性,对于实体法规范也是认为与其说作为纠纷解决的共通基础从内在视点上予以接受,还不如作为外在制约能够战略地利用就可以了。[22]

确实,从纠纷当事人角度来看,所谓诉讼程序的法制度、实体法或权利等规范观念不过是解决纠纷时可以运用的一种手段而已,只要有利于满足自己的利益与需要就可以战略地利用,所以它在纠纷解决过程整体中只是居于周边的地位。目前,在纠纷解决过程的社会法学、政治学研究中,正是将不过是解决大量纠纷"冰山之一角"的诉讼置于核心地位的法律学方法不得不遭受严厉批判,认为它是不是弄错了周边和核心。[23]

如以上所简单描述的那样,如果就民事诉讼目的彻底、纯粹地坚持纠纷解决说或者程序保障说,或者突出纠纷当事人的视点及社会学或者政治学等外在视点,就很可能"动摇诉讼

---

[22] 井上治典:《民事程序论》,有斐阁1993年。关于我本人对这一倾向的批判意见,请参见本书第二章二。

[23] 例如,Carrie Menkel-Meadow, "Dispute Resolution: The Periphery Becomes the Core", in 69 *Judicature*(1986), pp. 300—4. 本论文虽然是Stephen B. Goldberg, Eric D. Green & Frank E. Sander, *Dispute Resolution*(1985)一书的书评论文,但是该书第二版(1992年)不知是否是这种批判的影响,也开始强调与社会学研究等划清界限的法律学方法。

的核心、任其随波漂浮"。㉔但是,伴随着审判与纠纷解决研究视点的多样化,即使对依据实体法规范利用判决进行权利判定与救济这种将有关共有实体法体系内在视点的规范性活动置于基轴的民事诉讼作用的理解,其正当性基础也受到质疑,把诉讼的中枢地位视为一般不证自明的道理本身正在变得困难,这是不容否认的事实。目前的民事诉讼改革讨论必须从正视法律学方法所处的这种严峻现状开始。

当然,像过去私法秩序维持说和私权保护说那样,把实体法规范与权利观念作为先于诉讼的既存事物予以固定、静态的理解,同现代法体系下通过法规范能够开创的结构和判例形成法的权限并不矛盾。即使在与私法秩序和私权的关系上考虑民事诉讼目的,也有必要发展地、动态地重新把握实体法的存在结构和权利的形成过程,以使它与每个诉讼程序中一定范围内继续形成实体法规范、进行创造性权利判定或救济的法实践不相矛盾。㉕

从这样的观点来看,就民事诉讼目的,虽然也有怀疑其意义的多元说和搁置说㉖,但是竹下守夫提出的把与宪法有关的

㉔ 参见中野贞一郎:《司法改革的轨迹》,前注①,第36页。
㉕ 我对这个问题的观点,请参见田中成明:《权利生成与审判的作用》,载《法学论丛》第116卷1—6合刊号(1985年)。
㉖ 高桥宏志:《民事诉讼的目的论》(一)(二),载《法学教室》第103号、104号(1989年)。

以及审判的法形成问题也纳入视野,认为立宪民主制下司法的核心作用在于保障以宪法为顶点的实体法规范所确认的权利,在于利用具有对审结构的程序确证实体权利的存在并给予必要的救济,以保护作为权利实质内容的利益或者价值的权利保障说还是受到了关注。[27]

依据法律学视点,应当说诉讼在纠纷解决过程的核心地位必须像这样与通过实体法规范的权利判定或救济的规范作用建立联系之后才有可能,与法体系和司法制度有关的内在视点的独立存在理由也应当由此寻求。问题是,在产生了实体法规范的不确定性、纠纷的复杂多元化、通过审判进行法形成或权利救济的创造性、ADR的扩充倾向等"法化"与"非法化"讨论的现代各种条件下,现行实体法规范与通过诉讼(判决)程序进行权利认定和救济的规范性活动,是否能够继续保持哪怕是相对的自立存在基础,如果可以的话其条件是什么呢。

尤其在诉讼程序中吸收和解,虽然它看起来是民事诉讼在现代发挥作用不可避免的途径,但却使问题进一步复杂化。

---

[27] 参见竹下守夫:《民事诉讼目的与司法的作用》,载《民事诉讼杂志》第40号(1994年),第1—36页。此外,还有竹下守夫作为理论背景的《现代国家与司法权》(佐藤幸治著,有斐阁,1988年)第一章,可以理解为与竹下论文几乎提出同样见解的《正当程序与宪法》一文(宪法学者栋居快行所著,收录于樋口阳一主编:《讲座宪法》(4),日本评论社1994年版,第246—256页)。

也就是说,如此吸收和解提出了一个原理的问题:它与诉讼发挥其核心规范作用不相矛盾并对后者具有促进作用,还是妨碍它并使诉讼过程脱规范化并导致后者放弃核心作用呢。

要准确地把握这一问题,关键是通过正确理解构成其背景的现行诉讼(判决)程序批判及 ADR 赞否讨论的多样性,将这些讨论区分为可以纳入法律学的规范视点中,有助于提高法体系与司法制度应对能力和敏感度的观点,以及由外在视点自由观察或者批判虽很有意义但放进来可能会导致法体系与司法制度自立存在基础解体的观点。㉘

(二)判决中心型诉讼模式的制约与局限

对于现行民事诉讼程序而言,除了诉讼迟延、费用高额化及接近困难等理论上可以改善的实务与制度缺陷之外,其制度框架本身的原理制约或者界限也是饱受批判。在这些批判中,作为从外在视点的观点,虽然既有从与实体法体系相关的

㉘ 对实定法体系内在或者外在视点的问题是蕴含着复杂微妙争点的现代社会理论或者说法理论的难题,理解上也存在着分歧;关于我的观点,请参照田中成明:《法理学讲义》,有斐阁 1994 年,第 14—19 页、第 14 章、第 15 章及第 16 章。而且,本书认为,是否承认内在视点的自立存在理由是"非法化"和"反法化"的分歧点。

规范性内在视点上无法应对而不得不以不合时宜予以驳斥的看法,但也有很多不认真反思并采取一定措施很可能会损害对法体系与司法制度正统性信赖的观点。

这里就"法化""非法化"的讨论,尤其在涉及ADR讨论时被作为问题的原理批判,从民事诉讼制度结构的规范、对象及程序三个层面逐一展开探讨。[29]

1. 首先,从规范层面来看,在现行司法审判制度下要求通过适用一般法规范于个别纠纷,如果符合法规范规定的法律要件得到认定就认可既定法律效果的要件—效果模式,将判决予以正当化。

但是,围绕法规范所规定的法律要件进行解释时,具体内容经常发生分歧是众所周知的事实,加之随着一般规范、人权条款等被称为法原理的规范逐渐占据重要地位,在其适用时在每个具体事例下都必须同各种规范与原理进行比较衡量,实体法规范的不确定性正在逐渐增大。这种不确定性导致不得不运用诉讼的情形增加,单纯依靠要件—效果模式已经无法使判决内容正当化,诉讼的合理性与判决正当性的基础性前提条件发生了动摇。

而且,随着社会高度复杂化、变化的加速,不仅事前运用

---

[29] 关于诉讼制度框架的详细说明,参见田中成明:《围绕审判的法与政治》,有斐阁1979年,第157—180页。

一般规则恰当规制能够预测的纠纷变得困难,而且原封不动适用既有法律规范无法合理解决的纠纷也在增加。但是,通过判例变更既存法规范,无论在制度上抑或事实上都存在着种种制约,迅速应对是很困难的。所以,在诉讼案件,尤其是在现代型政策形成诉讼中,甚至有时作为判决正当化前提的实体法规范本身正当性也受到质疑。

实体法规范的这种不确定性和不恰当性被认为应当通过法的解释和继续形成有关的专门技术性法学或者法的思考去补充或者补正。但是,众所周知,即使对它独特的合理性,从自由法运动和现实主义法学运动以来,也是一直不断地受到批判和质疑。就通过要件—效果模式的正当化而言,随着在每个事例中要件的具体确定及其适用不得不依赖目的—手段模式和妥协调整模式的程度逐渐增大,由实定法内在视点的自立的正当化也不得不经受各种外在观点的批判。

法律学与法思考作为专门技术性实践知识的合理性,首要的是共有与特定实定法体系有关的内在视点,以法的正确解决为目标并仅在参与法实践的人们之间具有排它或者优先的规范性拘束力。所以,姑且不说在法律家集团内部,甚至对于外部人士和一般人士,法的合理性是否被承认并接受不仅受实定法体系自身的正统性影响,而且还不得不为法治主义以什么强度和广度渗透到各种纠纷解决有关的意识和行为

所左右。㉚

诉讼的合理性和判决的正当性,在不单纯地依靠制度强制力、而是依靠规范说服力时多大程度上为外部人士和一般人士所接受,与在什么样的问题领域承认法律家的法律职业主义具有排它或者优先的管辖权有关。这一问题同接下来要考察的对象层面制约的意义虽然也有密切联系,但是一般的倾向是随着问题解决与政策形成方法的多样化和专门细致化、科学技术的高度复杂化和专门分化等,像德国"法化"讨论中也强调的那样,实效的法规制本身变得困难,不仅法规制的比重下降,而且法律家专业实践知识具有的说服力在影响范围上也变得越来越狭窄,这些都是实际情况。

2. 从对象层面来看,民事诉讼不以解决全部的原始纠纷,而是以事后、个别地解决特定对立当事人之间关于具体性权利义务关系的私的纠纷为目标。正是这种有限制地从法的侧面对纠纷的二元对立的部分判定,才使一刀两断地裁断各种各样复杂纠纷成为可能,而且使保障强制性实现的最终权威地位得到认可。

但是,现实的原始纠纷并不完全是法的权利义务的对立,很多时候它产生于经济、道德、心理等多种因素交错重合。即

㉚ 围绕上述法的思考合理性讨论的状况及我本人的观点,参见田中成明:《法理学讲义》,前注㉘第三编,尤其第 15 章、第 16 章。

使运用判决就法的争点作出裁判,也未必能够全面地解决纠纷,甚至反过来有激化的可能。不但如此,有些场合下当事人真正的利害或需求也未必是解决法的权利义务对立。在这种场合,从权利义务层面重构法的纠纷,与上述规范层面的制约相结合,不仅会偏离真正的利害或需求,还有可能歪曲对纠纷的整体认识。而且,还不能忽视像富勒所说的多中心问题(polycentric)[31],在现代型纠纷中比较少数的当事人不适于或者明显难以构成二元对立法的纠纷案件一直在增加。以国家和公共团体为相对方的现代型诉讼多数可以视为属于这种情况。

而且,由于运用既存法规范就过去事实关系判定是非的过去志向性,存在着欠缺就将来当事人之间相互关系的影响以及纠纷背后受判决间接影响的一般性政策争点进行考量的将来志向性。尤其在当事人之间具有继续性关系,或者具体的诉讼争点与一般性政策争点具有密不可分关系的纠纷中,这种制约就成了司法应对的瓶颈。

诉讼对象受到现行制度这样的限定与对立当事人之间以主张与立证为基轴推进对各种各样纠纷的审理并作出一刀两断裁定的结构有关,诉讼(判决)程序的合理性很大程度上也

---

[31] Cf. Lon L. Fuller(K. I. Winston ed.), *The Principles of Social Order* (1981), pp. 111—121.

是由这种对象限定支撑的。所以,扩大诉讼对象去缓和或克服这些局限会动摇现行审理与判决结构的合理性基础,慎重地比较一下其中的优缺点是必要的。

3. 最后来看程序层面,民事诉讼原则上是在公开的法庭上通过当事人主义程序进行的,在公开主义、口头主义及辩论主义等专业技术性与形式性的辩论主义原则下,由双方当事人以主张与立证活动为中心逐步展开。

但是,目前甚至在双方均有律师、条件几乎对等的诉讼中,也令人怀疑这些专业技术性和形式原则是否能够使双方当事人相互主体地主张与立证活动活性化、促进公平且正当的审理,或者说它们是否是最恰当的方法。对一方或双方没有律师的情况不言而喻,在当事人之间力量不均衡的诉讼中,如果没有法官释明等恰当的监护性诉讼指挥,诉讼就难以顺利地进行,这是实际情况。

对于复杂的现代型政策形成诉讼而言,只是委诸于通过当事人辩论进行审理无论从当事人权利或者利益保护的私的观点,抑或从正当政策形成的公的观点来看都不恰当,法官应当积极地职权主义参与的声音很强。为了避免所谓"五月绵绵细雨式"的"漂流审判"等,即便有必要通过法官积极复杂的诉讼指挥进行案件管理,但是具体如何兼顾当事人自律与自我责任的基本要求是非常困难的。而且,单纯就政策形成诉讼进行特别处理本身就存在问题。

有观点批判这样的审理程序同上述以要件—效果模式为基础的事实认定与法适用相结合，产生的要件事实论的审判实务，进一步强化了其专业技术性和形式性的性质，妨碍了双方当事人和法官就纠纷的整体状况及其主要争点顺利形成共识或者达至相互理解。不但如此，认为它把审理主题缩减为事实问题，既抑制结合具体事实探讨法律要件是否恰当或其重构的法律问题的讨论，又阻碍着判例合理形成法的批判声音也很强。[32]

依照宪法和民事诉讼法的原则批判并谋求改善口头辩论形骸化、辩论兼和解实务惯例一般化的态度，毋庸置疑是重要的。而且，在实务现状中，通过完备程序、法官和律师的意识改变和能力提高等可以改善之处也确实很多。通过有效证据收集程序或者争点整理程序的导入、要件事实论在实务问题思考上的立场转换或者主题扩大等，现行诉讼程序本身尚有充分的活性化余地。不但如此，如果不进行这样的改革，民事诉讼根本不可能继续在纠纷解决中占据中枢地位。

总体上，现行的诉讼（判决）程序虽不能说对所有法纠纷都是最善、最合理的程序，但是如果比较下它的优点和缺陷，

---

[32] 我本人对于这种批判的意见，参见本书第二章二。

难以否认它对于相当数量的法纠纷仍然是适宜的、合理的解决体制。所以,单纯地缓和其标准、扩大对象或者程序的非正式化,这样并不能提高合理性,有何优点通常也会伴随着相应的缺点。

虽说这样,但是在法体系的整体构造及利用它的人们的意识与行为已经发生巨大变化的现代诸条件下,现行基本上属于自由主义的程序原则是否是最适合于充实与促进审理、公平地进行程序及实现公正结果等的制度,显然可以认为原理上已经迎来了适宜再探讨的时期。强调它与欧美文化和社会背景之间的不同性质、完全否认这些原则的普遍价值虽然是题外话,但要使这些普遍价值以适合日本文化与社会条件的方式确立下来,就需要有非追随欧美模式的别出心裁方法。日本文化与社会丰富多彩的脱意识形态的比较研究、对"法"未必有好感的后现代研究,可以认为也都提供了虚心地重新认识尤其被视为西方事物的各种法原理、法制度的良好知识环境。

如上所述,民事诉讼的制度框架及其实务不只是要求改善现状,它正在经受着种种甚至原理上否定其存在理由的批判,ADR的讨论是在同这些批判应对及反驳具有密切联系的状况下展开的。所以,要准确理解民事诉讼改革讨论主要争点的意义,不可缺少的是确认诉讼(判决)程序在赞成与反对

ADR 的复杂对立讨论中如何定位。关于 ADR 的讨论,虽然我国动向的自身分析也很重要[33],但为了对它进行稍微远距离的观察,本节将在联系日本法讨论的同时,尤其就美国多种观点展开的动向作一素描。

(三) ADR 支持论的多样性

美国支持 ADR 的观点如果大致区分,依据其战略目标选择司法运营效率化、扩充接近正义及提高纠纷解决质量中的哪一个,虽然相互有所交错,但可以区分为三个倾向。[34] 下面逐一来看各个倾向上司法改革战略的特征与问题点。

1. 将 ADR 作为司法运行效率化环节之一予以积极活用

---

[33] 就我自己的整理,请参见田中成明:《现代日本法的构造(增补版)》,前注⑧,第七章;田中成明:《法的思考方法与运用方法》,前注⑧,第六章。

[34] 这样的分类虽然多少有些分歧,但基本上同 Dispute Processing in Law and Legal Scholarship: From Institutional Critique to the Reconstruction of the Judicial Subject(Susan Silbey & Austin Sarat, in 66 *Denver Univ. of L. Rev.* (1989), pp. 445—458.)、《审判外纠纷解决中程序考量研究》(一)(山田文,载《法学》第 58 卷 1 号(1994 年),第 57—63 页)、《民事纷争处理论》(和田仁寿,前注⑯,第 130—135 页等)这些文献一致。当然,具体特征与评价未必一致。

与扩充的战略。这一观点尤其为处于法曹指导立场的人所提倡。㉟ 这一倾向没有批判传统诉讼程序的基本理念和结构本身,而是把目前法院的危机归因于大量超越法院制度能力及不适合由法院处理的案件进入法院导致其负担过重,认为关键在于通过将诉讼理解为众多纠纷方法中的一种,在法院内外设置各种 ADR 来分流这些纠纷,诉讼只用于适合由它恰当迅速处理的重要纠纷等方式,恢复因非效率而暴露出危机的法体系与司法制度的正统性。

这一战略重视依据诉讼、调停与仲裁等的形式特征,创设与运用能够把各种纠纷分配至适合于解决它们的 ADR 之下的合理机制。法官重点着力于积极地进行案件管理(case management)、适当地活用审前协议等纳入诉讼程序的程序、法院附设仲裁、和解与调停程序等内容上。

在这一倾向中,由于 ADR 被视为一种渐进调整的战略,不是司法制度的根本转变,所以它虽然在批判诉讼,但是终究还是具有以支持诉讼为目标的特征。而且,比起非正式主义,ADR 简略化的形式主义倾向更强,可以认为整体上是以自我抑制法治主义为基调,采用通过强化管理型"非司法化"的法

㉟ W. E. Berger, F. A. Sander 等可以认为属于代表人物,参见前注⑥;Goldberg, Green & Sander, Dispute Resolution(前注㉓)是持这一立场的代表性教课书。

工具主义补充诉讼的司法政策。

对于这一战略的强烈批评是它偏于追求法院效率性。但是,由于在商事等所谓利益纠纷中利用者对效率的关心同样很强,所以应当认为司法效率性本身对司法的正当运行是不可缺少的主要考量因素。问题是,在 ADR 中效率性目标的优先顺序是什么,ADR 是否能实际地提高效率性;如后所述,对此也表示强烈质疑。而且,有批判者认为它固守历来的方式或程序的形态特征[36],固定地理解纠纷类型和 ADR 方式或者程序之间的对应关系,否定地把握纠纷自身的意义,没有正确观察纠纷发生与解决过程中值得肯定的一面等,整体上是一种保守的司法政策。

在德国司法部主持的司法改革与导入 ADR 工作中,这一倾向处于支配地位。在我国,最近在法实务改善方案与积极活用和解与调停的讨论中同时在强调充实审理,基本上可以认为是与这一倾向极具亲近性的观点。[37]

2. 重视扩充接近正义,尤其是将 ADR 作为司法体系救

---

[36] 例如,A. Sarat, The "New Formalism" in Disputing and Dispute Processing, in 21 *Law & Society Rev.* (1988), pp. 695—715 认为这一特征是继承 L. L. Fuller 先行的 ADR 研究与 H. Hart、A. Sacks"法律过程"的血统,批判"新形式主义"。我本人也认为这样的批判不恰当,作了稍微灵活的理解。关于这一点,参见守屋明:《纠纷处理的法理论》,悠悠社 1995 年,第二章第一节。

[37] 参见司法研修所主编:《民事诉讼实务研究》,法曹会 1989 年。

济社会经济地位上处于弱势的主体的手段之一的战略。这一战略主要为希望利用法和审判推进社会平等主义改革的人们所提倡。㊳ 这一倾向批判诉讼成本和迟延妨碍了接近正义，以扩充或强化能够非正式而且迅速、廉价地主张或实现权利的纠纷解决体系为目标。

在所谓的"接近正义"运动中，这些 ADR 扩充战略将"第三波"定位于以对缺乏经济能力的人提供法律辅助、法律咨询等寻求权利实效化为目标的"第一波"，和以扩充少数人、消费者或者环境保护运动等扩散性或集合性利益的法的代表性为目标的"第二波"的延长线上，作为福利国家广义"法化"战略的环节之一来推进。㊴ 所以，可以看出这种战略表现出一种自由法治主义的矛盾心理，一方面在为扩充接近正义要求改革现行诉讼结构或诉讼程序，另一方面又再次确认对法体系及其提供的正义的信赖。

这一战略以法治主义为基轴的司法制度渐进式改革为目标，在认为 ADR 不是取代诉讼而是对之补充这一点上与第一

㊳ 虽然 Lawrence. M. Frieman，Total Justice(1985)可以视为这一倾向的代表作品，但是以 Mauro Cappellette 为中心的"Access to Justice"（下注㊴）项目的学者总体上这一倾向更强。

㊴ M. Cappelletti：《接近正义》，小岛武司译，有斐阁 1981 年；M. Cappelletti：《接近正义与福利国家》，小岛武司、谷口安平编译，中央大学出版部 1987 年，第 177—226 页。

种战略基本相同。但是,在势力扩张型法治主义*的倾向较强、采用向管理型法和自治型法两个方向的"非司法化"政策等内容上又与之不同。而且,只要将 ADR 的扩充与利用同法律家扩大法律服务领域的职业利益联系起来,虽然与第一战略相重合,但是也有让法律家以外专门家和一般人士担任 ADR 担当者与代理人的情形,这种场合下"反法化"倾向较强,还具有同第一种战略相对立的一面。此外,对于这一运动所期待实现的"正义"是否应当由国家独占或者以它为中心地提供,还有像 Marc Galanter 这样被视为与这一阵营相近、对"法的中央集权主义"表示怀疑的学者,观点处于分歧之中。[40]

在我国,对于"接近正义"运动在日本展开发挥先驱作用的小岛武司的"正义综合体系"构想[41],提倡的是与这一战略大

---

* 作者认为法治主义的基本特征在于重视由普遍主义型法和要件—效果模式解决问题或作出决定所具有的自由主义价值。根据法治主义的特征与问题所在,他进一步将之区分为自我抑制型和势力扩张型。前者指法体系和法的思维能够恰当地运行、充分发挥其优势的领域,主要限于通过裁判的纠纷解决等;对于后者,他认为即使新近扩大的法的领域,尽量运用普遍主义型法特有的结构、技术和思维方法进行问题解决和决定作成在理想上也是最合理的。参见田中成明:《现代法理学》,有斐阁 2011 年版,第 123—124 页。——译者注

[40] Marc Galanter:《多样性的正义》,谷口安平、坂田宏译,载 M. Cappelletti:《接近正义与福利国家》,小岛武司、谷口安平编译,前注[39],第 177—226 页。

[41] 参见小岛武司:《正义综合体系的思考》,载《民商法杂志》第 78 卷临时增刊(1978 年);小岛武司:《纠纷处理制度的整体构造》,载《讲座民事诉讼》(1),弘文堂 1984 年;小岛武司:《正义综合体系的再思考》,载《法曹时报》第 41 卷 7 号(1989 年);等。

致相同的司法政策。不过,小岛最近也在积极地引入接下来要论述的支持第三战略的问题解决型交涉理论,视野不再停留于制度设立的严格层面,还扩展到了纠纷解决技法的柔性层面[42],可以说"正义综合体系"整体上正在发生着微妙的变化。

3. 以通过 ADR 提高纠纷解决质量为目标的战略是批判法学研究阵营的法学者、社会学者、政治学者[43]及主要提倡问题解决型交涉理论的学者[44]所持的立场。与前两种主要从制度设立和运用者视角关注诉讼效率和诉讼接近问题的倾向不同,这一倾向侧重于由制度利用者视角以诉讼解决的质作为问题,批判诉讼没有恰当地去面对纠纷的实体及其当事人的关系,期望通过 ADR 实现"更真正的""更好的"正义。

这一倾向批判目前通过当事人对立主义的形式主义程序去进行二分法式黑白判定的过去志向性诉讼,不能准确把握法的争点背后的纠纷本身,尤其是以高度复杂的专业技术性方法介入复杂的相互依存或者继续性法律关系并给出黑白,

---

[42] 小岛武司主编:《法交涉学入门》,商事法务研究会 1991 年;小岛武司、大泽恒夫:《正义综合体系下法的交涉》,载小岛武司、加藤新太郎主编:《民事实务读本》(Ⅳ),东京布井出版 1993 年版。

[43] A. Sarat 等被认为是代表人物,*Law & Society Rev.* 上刊登的论文中这一倾向的较多,第二种倾向与 ADR 反对论的第三种倾向也相互重合,内容相当丰富。

[44] Carrie Menkel-Meadow 等人可以认为是代表人物。

既损害当事人间的信赖、自发性及互惠性,也不能最终完全解决纠纷。所以,ADR 被认为是对有这些局限的诉讼的替代,它应当以通过停止为了适合法的讨论形式而缩减争点、详细了解当事人所处的状况及对其个人需求地应对,来提高当事人和社会的自律解决能力并通过合意恢复和平或者安定关系的将来志向性、建设性或者创造性解决为理想。而且,为了消除法院的官僚主义和权威主义性质,建议担当者和当事人在 ADR 中可以不限于法相关的问题,还可以就日常伦理、规范与礼节上相互陈述意见或者进行广泛地讨论。

这一战略虽然以非正式主义为基调,但其思想背景有信奉个人自我决定和市场机制至上的自由意志论,有重视各种组织体文化、历史与传统的共同体主义,还有重视对个别关系的责任、互惠性与个性尊重等伦理考量(care)的女权主义等多种多样,内在不乏相互对立的一面。

这一倾向由于重视恢复或者强化相关当事人和各组织体的自律纠纷解决与调整能力,原则上反对在诉讼程序中吸收 ADR 与在法院附设 ADR 等与国家强制权力有关的程序。而且,对近邻正义中心等由国家资金援助并纳入法统一规制下的审判外程序也保持警惕。尤其在提倡将 ADR 作为问题解决型交涉一环节的场合,它强调二分法地判定权利义务或责任的当事人对立诉讼程序及其下的法讨论是零和游戏状况的局限,认为 ADR 应当以调和(reconciliation)地调整当事人双方对立利益或需求为目标进行定位。总体上,它的"反法化"倾向比较强,否定法制度、规范及程序的规范性拘束力、法的讨论或者法律家职业主义意义。

在我国,这一倾向的影响弥散在年轻法社会学者对民事纠纷处理过程的研究中[45],同时也与民事诉讼"第三波"理论研究者的观点有亲近性。[46]

(四)主要的 ADR 批判论

以 ADR 为中心,如上所述,支持论多种多样,在其内部既有相互对立也有相互批判;但同时,它还饱受不仅有来自于基本支持民事诉讼传统理论与程序立场,也有来自于对现行法体系与司法制度持批判性立场的各种严厉的批判,讨论的对峙结构错杂复杂。

这里把主要批判论的观点区分为重视诉讼(判决)的公共与规范作用的立场、重视正当程序保障的立场、对现行法体系

---

[45] 和田仁寿:《民事纠纷处理论》,前注⑯。该书中和田提出了自己的整体构想。

[46] 虽然可以认为水畅观点中这一倾向最强,但是井上的《民事程序论》(前注㉒)也深化了向这一方向的发展。

与司法制度本身的批判性立场的三种倾向,同支持论一样看下各自的特征与问题点。

1. 由重视诉讼(判决)的公共与规范作用立场对 ADR 的批判以欧文·M. 费斯为代表。费斯的 ADR 批判论与将宪法与制定法所规定的权利等公共价值具体化的结构改革诉讼的正当化理论是互为表里的关系,在他批判以富勒为代表的私的纠纷解决模式的延长线上展开。他对诉讼程序中吸收 ADR 的做法进行了如下严厉的批判。[47]

第一,ADR 设想当事人大致对等,认为当事人基于对审理结果的预测而同意和解方案;但是,现实中财力的差异会反映到判决预测和诉讼费用的负担等上面,变得对财力缺乏者不利,因力量不均衡而发生扭曲。虽然诉讼也可能会因双方力量不均衡而出现扭曲,但由于法官可以采取各种措施减轻这种影响,所以它与基于谈判的和解是有实质差异的。

第二,ADR 假定当事人是个人,应当受自己同意的结果拘束,但实际上在很多情况下个人与律师、保险公司等有一定

---

[47] Owen M. Fiss, Against Settlement, in 93 *Yale L. J.* (1984), pp. 1073—1090; Fiss, Out of Eden, in 94 *Yale L. J.* (1985), pp. 1669—1673. 下文费斯的观点主要来自于这两篇论文。但是,就费斯将自己的观点与富勒的审判理论放在对立的位置,虽然富勒确实是 ADR 运动的先驱,但与费斯的观点是否对立却是疑问。例如,佐藤在《现代国家与司法权》(前注㉗)第一章就提出了将两人观点统合理解的理论。

契约关系,是难以自己决定的。不仅如此,在当事人为组织或集团时,还可能存在着代表人与成员利益不一致或者缺乏选定能够作出权威同意的代表的程序这些情况。诉讼的场合下虽然也无法完全消除这些问题,但是因为法官是依照一定程序和实体标准展开的判断,判决的权威就来自于法,所以它与和解之间存在着概念性与规范性的差别。而且,法官审查和解方案的基础,比起是否同意某种程度上更类似于法官不经正规审理而凭想象去判决,这种场合下并没有满足当事人依据法说服法官的利害关心。

第三,ADR 认为在判决宣告是非之后法官的义务就终结,而和解也能宣告当事人的权利,所以假定它完全能够取代判决。但是实际上,在离婚等家事案件与结构改革诉讼中,法官在判决后还必须继续参与,这种假定轻视了具体的诉讼救济状况。ADR 的解决不仅难以判定变更解决方案的要求是否恰当而且难以强制实现其内容,所以不可能成为司法权强制行使的基础。

第四,ADR 设想将诉讼的社会功能缩减至私的纠纷解决,由于和解也能依低廉的社会费用实现当事人的和平的判决目的,所以它完全可以取代判决。但是,诉讼使用的是公共资源,法官的权能不是基于私的合意而是根据公法规定的授权。法官的职责就不是私的当事人目的最大化或者单纯地维持和平,而是明确宪法与制定法等权威性文本中具体体现的法的价值,使现实符合这些价值的要求。然而,和解却剥夺了法院通过文本解释实现这些正义的机会。当事人通过和解选择和平共处确实是正义的必要前提条件,它或许有自身的价值,但它并不是正义,而是接纳了某些理想之下的内容。和解不仅免除了法官作成或者执行判决的困难,而且还掩盖了社会矛盾,这样地回避判决在某些场合下虽然有些价值,但是它却使社会安于接受背离理想的现状、失去匡扶正义的机会。㊽

第五,对于支持论者认为上述批判不是他们所考虑的典型案件的反论,费斯回应说,与这四个批判相对应的特殊案件具有相当多的数量,与典型案件相比目前是特殊案件更处于支配地位,并且特殊案件质量上也更为重要,这些都是明显的事实。并且,他对这种二分法也表示怀疑,认为通常案件和解、特殊案件判决这种甄别案件的分类方法不仅降低了和解的魅力,而且事实上恰当定型化的分类标准也是不可能的,所以它对自己的批判构不成反论。

费斯的上述 ADR 批判是基于司法积极主义立场,重视判决判定或者救济权利具有的社会改革功能,与我国民事诉讼

㊽ ADR 推进论者从本质上私的观点来看诉讼目的,将案件数看作美国人没有必要斗争的性质表现;与之相对,费斯进一步地从公的观点将民事诉讼理解为是为了使现实接近理想而运用国家权力的制度性规定,认为运用司法权进行社会改革的美国型诉讼反倒是应该引以为豪的。

现代社会与审判
民事诉讼的地位和作用

的实情相关,这些观点在批判司法在判例法形成上的自我抑制主义有一定意义。作为对 ADR 本身的批判,尽管他最终进行了反驳,可是与 ADR 推进论者考虑的目标案件终究还是存在着焦点差异。由于最近在现代型政策形成诉讼中也在主张和解解决的必要性与有用性,所以费斯的批判就绝非无的放矢了,尤其第一点和第四点基本上适合于所有案件。

2. 目前有一种原理批判是以 ADR 和强化法官积极案件管理(case management)的结合会损害正当程序(due process)为焦点展开的[49],由朱迪思·瑞思尼克提出。

她将活用 ADR 为案件管理一环节视为司法积极主义的形态之一。然后,认为法官自己进行各种 ADR(法院附设仲裁、和解协议与调停等),在非公开场合既不留记录,也没有出具附理由意见书的义务,这样就可以不经上级审查地进行活动;并且,通过本人直接参加诉讼、逐渐重视当事人同意的处理,诉讼和其他活动的界限会变得模糊,以对法律家信赖及其正当活动为基础的当事人对立主义诉讼模式根基产生动摇,所以有必要重新定义诉讼的合理性、公正与公平等标准。

在她看来,当事人对立主义设想的基础是当事人具有合

---

[49] Judith Resnik, Managerial Judges, in 96 *Harvard L. Rev.* (1982), pp. 374—448; Resnik, Failing Faith: Adjudicatory Procedure in Decline, in *Univ. of Chicago L. Rev.* (1986), pp. 494—560. 以下朱迪思·瑞思尼克的观点依据的是这两篇论文。

理而且适格的选择能力、委托有律师且律师与当事人利益一致、力量均衡的对立者之间的竞争能带来真实胜利。但是,由于不仅案件数量而且复杂程度都在增加,当事人之间的不均衡亦逐渐被广泛认知,加之律师质量的不均衡损害了委托人的利益,律师滥用程序也浪费委托人和法院资源,其结果是众多法官变得想积极监督律师的活动。而且,由于其他很多制度逐渐能与法院发挥同样的功能,只要不能证明雇有律师的高额的当事人对立主义结果上能够比其他廉价迅速方式获得整体上平均而言更好的结果,就不能不失去对诉讼效用的信赖。

瑞思尼克认为审判管理和 ADR 具体表明了对传统当事人对立主义诉讼程序信赖的减弱。但是,无论案件管理还是 ADR 都具有同样的缺陷,不能认为"同意"的标签比"判决"的标签可以解决更多的问题。即使可以要求法官去判断当事人同意是否恰当的场合,也难以就质量和公正进行评价,同意本身并不是对质量、公正及当事人满足的充分保障。

对于审判管理能够减少诉讼迟延、增加案件处理数量、降低诉讼费用等提高效率性的主要正当化理由,也没有实证数据;在对它们表示怀疑的基础上,她严厉批判由于审判管理相对于深思熟虑、公平及公正是更加重视速度的做法,对诉讼性质有很坏的影响。

关于 ADR，瑞思尼克认为不仅法官追求和解的正统性，而且连这种活动在司法上的权威源泉和范围也都存在问题。她批判没有充分的正当理由，通过交互见面式论据批判、提示或说服接受一定的解决方案会扩大法官行使权力的机会、强化其权限。法官与律师的非正式讨论虽然有益处，但是法官在审前会议广泛获得的情报没有经过证据规则的过滤，而且与律师的密切接触也会产生个人偏见。她认为在 ADR 中比起纠纷的是非，对案件处理结果的关心变得更强，连深思熟虑也被认为是对效率的妨碍，这就使它丧失了附理由审理、决定及对之进行再审查的正当程序模式的特征。

她奚落法官的这种变化犹如正义女神遮上双眼、丢掉正义之秤，只是拿着正义之剑而已。瑞思尼克重视透明地形成决定、作成记录、公共审查和参加、上诉审这些程序在诉讼中拘束法官权力行使的"公共立场"；而且认为，有必要规制法官及其他决定形成者、当事人、律师等所有人的行为，强调在其中即便是法官，作为不仅对直接当事人而且对一般国民负有责任的主体也必须在公共的范围内活动。她批判 ADR 通过更少情报、宽松的形式、较少的拘束能够产生诉讼同样结果的观点；赞同诉讼形式性提高权限、拥有权限者必须受到拘束的观点，认为民事诉讼改革应当以制约司法权力、强化司法功能为目标方向。

瑞思尼克认为,即使在使司法体系适合现代要求重新定位时也应当坚持诉讼的核心,并就此列举了为确保法官公平应当限制未经证实的情报流动、为确保法官深思熟虑的时间和忍耐应当避免让他承担太多的新责任、为使法官能够在质上——而不是单纯在量上——承担责任应当要求他在公开的场所行动并陈述其决定的理由等具体要求。

可以看出,费斯与瑞思尼克对于 ADR 的批判存在着重要差异。费斯是依据法工具主义立场的司法积极主义的批判,瑞思尼克是由支持自我抑制型法治主义立场的司法积极主义批判。但是,两人在基本信赖现行法体系、诉讼功能和程序正统性,立足于有关以保持其权威为目标的内在视点上是共通的。

3. 同上述两人的批判形成对比,还有诸多从批判现行法或者司法制度立场展开的批判,具有代表性的是马克思主义和批判法学对 ADR 的批判。㊿ 这一倾向的批判在整体的 ADR 批判论中的地位颇有意思,虽然与 ADR 支持论中的第三种"反法化"倾向有相互重合的一面,但也有严厉批判 ADR 的另一面,结果有几乎同费斯和瑞思尼克一样采取相对拥护

㊿ Richard L. Abel, The Contradictions of Informal Justice, in Abel(ed.), *The Politics of Informal Justice*, Vol.1(1982), pp.267—320 可以看作代表性作品,本书中所收录的其他论文中,这种倾向的也居多。

现行诉讼制度战略的学者。

在他们看来,美国法体系虽然约定了自由、平等与正义,但在对它没有理想运行的不满情绪逐渐高涨中,ADR让人们注意到了法体系与司法制度的缺陷,在降低潜在威胁社会安定因素、拥护现存国家和社会制度的同时,也可以通过将ADR作为法律家的工作去谋求保持并扩大其职业利益。国家以当事人同意和廉价的费用为正当化理由,通过ADR一方面用说服、威胁及得失利益计算取代强制,另一方面扩大法的统治范围、不受各种形式制约地行使着权力和权威。在ADR中,虽然它也把强化、恢复个人和组织体的自我决定与自律能力作为目标,但现实却是要么招致国家强化对个人、社会的法的介入,要么连形式的法的保障都没有,最终变得唯有取决于经济、政治及社会的力量。并且,因为扩充强调合意与妥协的ADR,甚至抑制了少数人或者弱者主张现行法体系保障的正统权利的可能。

基于对ADR现实发挥的这些功能的批判,在这一倾向的论者中,认为无论形式上多么不充分、还算固守了作为自由平等主体接受在公开场所的程序保障、围绕权利进行攻防的诉讼程序的人很多。如戴维·特鲁贝克诙谐批判地一样[51],不管

---

[51] 参见 David M. Trubek, "Turming Away From Law?", IN 82 *Michigan L. Rev.* (1984), p. 835.

谁都已经不再信赖法和诉讼,司法精英们都在支持几乎没有人相信的非正式主义,批判者勉勉强强地支持着同样没有人相信的形式主义,真是一幅学说颠倒、似是而非的图像。

我国亦是如此,运用与这种 ADR 批判基本相同的手法,严厉批判 ADR 同时又展开相对拥护现行诉讼程序论的论调不限于马克思主义法学者之间,尤其在律师之间也是相当广泛地存在着。

上述 ADR 讨论的对立结构,除费斯与瑞思尼克的批判是以纳入诉讼程序的 ADR 为焦点之外,其他基本上是就各种公私 ADR 整体上进行考察的产物,赞成与反对的意见分布状况因具体程序不同差异很大。在涉及"法化""非法化"的讨论上重新探讨民事诉讼的作用时,虽然要考虑以上 ADR 讨论的多样性及其整体动向,但关键还是要具体探讨每个程序的论据的妥当性,不为简单武断的赞成与否定论述方法所迷惑。

下面将围绕纳入诉讼程序的 ADR,尤其聚焦于诉讼上的和解,就寻求通过诉讼程序吸收 ADR 来扩充民事诉讼作用的战略所涉及的复杂问题,稍微作一些详细的探讨。

▶ 04
民事诉讼改革的目标与方向

（一）诉讼上的和解的定位

在 ADR 赞否的讨论中，如上述简单描述也能明确的那样，这种各自理想化 ADR 或者诉讼的功能然后相互批判他方功能缺陷的比较探讨有些未必妥当。如此比较产生的问题在有关诉讼上和解定位的讨论中反映的最为明显。

如果法官参与的诉讼上的和解能够理想运行，那就有可能矫正诉讼（判决）程序和 ADR 两者的缺点，同时实现两者的优点，在坚持诉讼核心功能的同时扩大其整体的功能；但是，反过来也蕴含着两者的缺点一并出现或者相互产生不好的影响，很有可能使诉讼核心功能本身空洞化、丧失对法院和法官信赖的危险，所以它的地位非常微妙复杂。

在诉讼上的和解中，法的空间下以强制与和解之间关系为中心的问题集中出现，甚至可以说其地位设定和实务状况如何是把握法体系整体上是倾向于强制命令与裁定体系还是讨论与交涉论坛的一把钥匙。作为这次民事诉讼法修改争点的辩论兼和解或者辩论准备程序(新的争点整理程序),其讨论背后的原理争点也同这一问题有深刻联系。

1. 这里结合效率性提高、权利保障实效化、改善纠纷解决质量这些 ADR 正当化时经常列举的目标,尝试从法制度一般存在理由的宏观观点和满足每个利用者需求的微观观点看下诉讼上和解定位的复杂微妙之处。

首先是效率性。从宏观观点来看,经常列举的优点有灵活运用和解能够迅速处理更多案件、能够缓和诉讼迟延。但是,法官为了和解必须拿出相应的时间,即使增加和解的解决也未必是缩短处理时间或者增加案件处理数量。(52) 而且,由于"正常"或者"合理"的处理期间与案件数量这种标准本身难以设定,也令人怀疑重视效率性的和解与其他两个目标是否可以并存。

从微观观点来看,迅速而低廉的解决尤其在商业等纠纷

(52) 也是依据这一问题就和解对判决的影响进行的富有启发意义的探讨,参见那须弘平:《谦抑的和解论》,载木川博士古稀祝贺:《民事审判的充实与促进》,判例时报社 1994 年,第 692—716 页;言及美国负面效果的,参见 C. Menkel-Meadow, "For and Against Settlement: Uses and Abuses of the Mandatory Settlement Conference", in 33 *UCLA L. Rev.* (1985), pp. 493—498; Marc Galanter, "……A Settlement Judge, not a Trial Judge:" at "Judical Mediation in the United States", in 12 *J. of Law & Society* (1985), pp. 8—10.

中是重要的要求，在其他纠纷中无疑也是被强烈关注的要求之一。但是，原本过于花费时间和费用的诉讼（判决）程序本身就存在问题，只是将与诉讼（判决）程序缺陷的对比作为独立的正当化理由是缺乏说服力。

其次，就权利保障实效化而言，在没有纳入诉讼程序的ADR中，很多时候担心纠纷当事人的实体或程序权利受当事人之间力量关系左右，无法得到恰当实现或者保障；与之相对，通过法官参与和解交涉过程和解决方案的内容，诉讼上的和解中重视确保一定实体或程序权利的价值。

宏观上来说，这一价值可以认为尤其是福利国家司法政策的要求。但是，具体以什么方式将这种权利保障制度化呢，由于无论与诉讼程序的场合非常类似还是不同都会失去独自的优势，所以兼顾正规诉讼程序和确保法官公正相当困难。

微观来看，由于最终必须要得到双方当事人的合意，所以对和解交涉与和解内容的权利保障性拘束越来越强，总体会产生对弱者有利、对强者不利的倾向。因此，从权利保障实效化这一点来看，强者对和解的主动性会降低，只要没有回避公开性或者降低成本等其他强有力的理由，和解就难以成立。

无论哪一个，不管是效率性抑或权利保障都是"消极的"路径，它们都是通过非效率的诉讼程序和权利保障不充分的诉讼程序外ADR之间的对比为诉讼上的和解提供价值基础，是一种不得不得停留于现实的消极容忍论。所以，不管是诉讼程序自身变得有效率还是诉讼程序外 ADR 也获得有效的权利保障，都会丧失或弱化独自的正当化理由。而且，还不容忽视的是弥补各自权限的最好方式是效率的 ADR 与权利保障充分的诉讼程序，诉讼上的和解本身并不是最好的方式。[53]

结果，只要依据效率性和权利保障这一观点赋予地位，诉讼上的和解就只能是所谓的"二流正义"，无法提供超越诉讼（判决）程序和诉讼程序外 ADR 的独自的价值基础。

诉讼上的和解是在依照实体和程序权利的诉讼（判决）程序的"影子"下贯彻始终的交涉，其质量很大程度上不得不受这些权利、程序自身的正当性和实效性所左右。如果实体法规范和诉讼程序也能够为当事人从内在视点上接受，作为纠纷解决的规范框架和指针发挥作用，和解也许能够成为公正妥协形成的场所。但是，如果只是依据外在视点战略地用作强制性或者权力性制约，即使其结果可以通过双方当事人的合意正当化，也只能是停留于事实上相互承认一定妥协的场所，与诉讼规范作用之间的联系不得不变得越来越弱。

2. 对于诉讼上的和解，要超越上述现实的消极容忍论展

---

[53] 以上分析，虽然在关注方向上稍微有些偏离。参见 Robert A. Barush Bush, "Efficiency and Procetion, or Empowerment and Recognition?", in 41 *Florida L. Rev.* (1989), pp. 259—266.

开理论上的积极肯定论,就必须运用那些认为诉讼上的和解的解决在质上本身更优于诉讼(判决)程序、诉讼程序外 ADR 或者自主交涉的特有价值来提供积极的基础。

如果大致区分这些被视为纠纷解决的质的积极识别标准的价值,虽然相互重合,但还是可以区分为:(1)当事人的利益和需求;(2)正义和衡平;(3)能力赋予(empowerment);(4)调和(reconciliation),而且纠纷解决的质在其程序过程和结果内容两方面都可能会出现问题。[54]

在诉讼上的和解中,规范地确定法的权利的争点被相对化或暂时搁置,很多时候灵活地应对、更妥切地满足当事人的利益和需求被作为质的评价标准。利益和需求可以互换使用,对它们是否有必要区分是个疑问,如果一定要区分,那么利益衡量主要以偏好满足为特点,重视运用效用最大化方法的调整,为自由意志论和法经济学所主张;与之相对,需求主要是满足主观的感情,重视运用心理疗法,为共同体主义和女权主义者所主张。两者都主要是以结果内容上对当事人的满

---

[54] 以下关于 ADR 纠纷解决的质的识别标准的说明,从这一问题座谈会论文集 66 *Denver Univ. L. Rev.*, Issue 3(1989)收录的论文,尤其是 David Luban, The Quality of Justice 一文得到了诸多启发。但是,关于标准的区别、内容及其评价,在与其他各种观点相互比较的同时,也按照我的观点进行了修正。这一问题也可以参照山田文:《审判外纠纷解决制度中程序性考量研究》(一~三・完),载《法学》第 58 卷 1 号、2 号、5 号(1994 年),尤其是第 3 章和第 4 章。

足为重心。

不过,即使各种社会或者法的制度应当尽可能回应当事人的利益和需求是当然之事,但是由于当事人的利益和需求在性质上多种多样,法的程序只是在制度上从一定的观点回应了它的充足要求,所以对于什么样的利益或者需求、运用什么方式去回应也应该是问题。再加之,还有对第三人或社会一般民众的外部负面效果、适应性偏好的形成、缺乏对当事人间充足配置的考量、信息匮乏等问题(55),以当事人利益和需求自身的充足作为“法的”程序在质上独立的识别标准是过于武断啦。

同利益和需求的充足基本上是关于个人善(good)的私的标准相对,正义与衡平基本上是关于社会的正确(right)的公共标准。正义与衡平的具体内容虽然多种多样(56),但是有时会以运用诉讼上的和解实现诉讼(判决)程序受制定法或者判例等现行法规范的规范性拘束无法实现的一定正义内容,作为其解决的质的评价标准。

确实,和解甚至可以灵活地应对由判决难以或者不可能

(55) 具体请参见 D. Luban, The Quality of Justice,前注(54),pp. 403—7.

(56) 虽然也有法的正义和衡平等实定法内在正义、与实质正义和社会正义等实定法修正正义之间的区分,但是在实定法规范所开创的结构下,这两者的界限处于流动状态,是很难区分的。具体请参见田中成明:《法理学讲义》,前注㉘,第七章。

应对的正义与衡平要求，能够成为促进渐进式社会改革的一条路径。但是，对于通过和解这样的变更或者回避实定法规范实现的正义或者衡平，以此为契机有采取立法或行政措施、由类似和解的累积产生形成新判例基础的效果的一面，反过来它也有剥夺或者延迟判决应对时机的效果的另一面。所以，与其说是对于将正义与衡平视为和解解决的主要价值有疑问，倒不如说将它们视为诉讼（判决）程序本身的重要作用才是正确的做法。

能力赋予与调和的标准相互交错，在深化 ADR 讨论过程中都是越来越有影响力的价值。一般说来，能力赋予是聚焦于程序过程的标准，为了双方当事人能够积极地、建设性地参加纠纷解决过程而激励或者教育他们，必要情况下给弱者以援助来提高自律的纠纷解决能力；与之相对，调和是聚焦于结果的标准，注重双方当事人就相互关系形成新的共识，也相互理解对方的状况以协调性地重新构筑相互关系。

权能赋予与调和同样富有理论魅力，但问题是它们实际实行的可能性。法体系或者诉讼程序本身原本就应当是以这样的个人能力和相互关系为存在和运行的理想前提或目标而制度化的，例如，哈贝马斯最近的讨论理论的法理论等就可以理解为是以该方向为目标。(57) 所以,由问题解决型交涉理论立场展开 ADR 支持论的门克尔·梅多等(58)无视诉讼程序这种观点的可能性,强调当事人对立主义程序只有抑制性的负面功能是片面的。也可以说,不仅在 ADR,即使在诉讼程序中能力赋予与调和在理论上作为质的评价标准也是非常可能的,它们未必伴随着纠纷解决在质上的转换。问题在于制度论层面,在纠纷解决中为了实现这种理想,法的或者司法的考量与介入应该在什么地方而且又是可能或恰当的呢,或者一般规则和形式程序下不可能的事情,假设唯有交涉和行使裁量的场合是可能的,那么它作为"法的"程序是否恰当呢。

上述质的评价标准一般来说作为纠纷解决应当期待的价值或许都是理想的,如果把各个标准纯粹化,基本上还可以看到它们各自的重点所在:利益侧重于经济、需求侧重于心理、正义与衡平侧重于政治层面、能力赋予侧重于伦理、调和侧重于宗教。所以,姑且不说法院外 ADR,纳入诉讼程序的 ADR 把这些价值作为目标追求时,不仅是现实中能否实现,同作为"法的"纠纷解决的诉讼制度在社会中能否并存,能否保持法官作用的统一性等,这些在法理上也都有必要进行慎

---

(57) D. Luban, The Quality of Justice,前注(54),pp. 411—413.

(58) C. Menkel-Meadow, "Toward Another View of Legal Negotiation: The Structure of Problem Solving", in 31 *UCLA L. Rev.* (1984), pp. 754—842., Menkel-Meadow, "For and Against Settlement",前注(52),pp. 485—514 等。

重地探讨。

　　一般来说,通过诉讼上的和解也尽可能地考虑这些价值、充实法的纠纷解决的程序过程及其结果内容并使它们保持一定灵活性是完全可能的。但是,在诉讼上的和解中,对于当事人可以请求正统地考量、法官应当予以回应的价值,只要是作为法院内诉讼程序的一环由同一法官进行的,其范围和优先顺序等就应该存在着一定的制度性限制。这种制约与民事诉讼的核心作用和固有功能基本上是能够并存的,不能认为因当事人合意就不重视所有的制度制约是能够正当化的。

　　在从这种观点来看时,上述各种价值在诉讼上的和解中当事人既能正统地要求、法院也应当予以考量的价值,处于最优先地位的应当是能力赋予的程序过程价值,在具体考量能力赋予时促进正义与衡平的结果价值就成为重要的考量要素。而且,追求当事人个别利益和需求的满足与调和应当受这两个价值的制约,把它们作为法的程序的独立评价标准恐怕会促进"反法化"倾向、毁掉法体系与司法制度得以自立存在的根基,很难获得支持。而且,还有必要注意,在实现或者支援不同价值时,法官和律师的作用分担不同,尤其扩大法官行使公权力的作用是有一定界限的。

　　在诉讼上的和解的地位如上所述,是由正义与衡平考量所支撑的能力赋予价值提供基础时,若是和解能够理想地实现这样的价值,它就不是低于诉讼(判决)程序的"二流正义",可以实现比之更高的正义。但是,如已经暗示的那样,在诉讼(判决)程序本身的构成与运营中也把实现这些价值作为理想目标在法理论上是完全可能的,在以这一改革方向为目标的场合,最终的结果除了和解或判决的方式外,达至该结果的程序过程有无限融合的可能性。而且,如果通过诉讼上的和解能够实现诉讼(判决)程序以上的正义,那么反过来诉讼(判决)程序本身的定位就不能不成为问题。

过去虽然一般认为诉讼上的和解是诉讼程序的副产品,但是现在不仅判决与和解为案件处理两轮的观点逐渐变得有影响力,而且甚至有观点从私的自治原则主张和解为正道、判决为权道。[59] 不但如此,尽管怀疑和批判辩论兼和解在法上正统性的声音很强,但这一实务惯例不仅趋向于一般化,而且与这一动向微妙呼应,甚至在法理论上出现了"和解判决"的观点。[60]

只要从程序的简略化或非正式化、回避判决成本与风险

---

[59] 我对于这一动向的基本评价,请参见田中成明:《现代日本法的结构(增补版)》,前注⑧,第 207—216 页;田中成明:《法的思考方法与运用方法》,前注⑧,第 319—324 页。

[60] 水谷畅:《"争点整理"——和解的辩论与和解的判决》,载《法与交涉》,研究会主编:《审判内交涉的理论》,商事法务研究会 1993 年,第 90—122 页;井上治典:《民事程序论》,前注㉒,第 116—121 页。关于我自身的观点,请参见本书第二章二。

等"二流正义"下的妥协的侧面去看诉讼上的和解,批判这些融合倾向远没有那么困难,而且也有必要的批判。但是,如上所述,诉讼上的和解无论程序过程还是结果内容上都有实现诉讼(判决)程序以上正义的可能性。如果是这样,那么在尽可能设计实现这种正义的程序保障并完备其前提条件的同时,重新探讨与定义也纳入这种和解的民事诉讼的作用、法官与律师在其中的作用、其正统性和能力等问题,可能是民事诉讼法确定改革方向时无法回避的课题。

(二)法官与律师作用的变化

要在尽可能通过诉讼上的和解实现上述理想的同时恰当地推进诉讼程序,法官与双方当事人之间积极的协同活动,尤其是法官的监护活动和律师的多方面活动是必不可少的。和解是以"二流正义"下的妥协而终结,还是成为超越诉讼(判决)局限实现正义的创造性解决,都与这些法曹的职业性活动状况有关。

1. 首先,从法官的作用来看,对于基本上应当通过当事人间自主交涉的合意解决的和解而言,法官怎样家长主义式地考量或者参与,受确保法官权限根据和公平性等公的职责与自主解决之间的共存性两方面制约。

　　诉讼上的和解虽然也同其他众多 ADR 一样以双方当事人的合意为主要的正当化理由,但是它的合意形成具有与诉讼(判决)程序不弃不离、由同一法官参与的特征。双方当事人预测判决内容的同时在它的影响下进行和解交涉,法官提示和解方案或者斟酌当事人案通常也是在对照如果判决将会怎样的预测下进行的,所以和解是否能够成功及其质量取决于判决预测情报的正确性。法官能否准确地提供这种情报是诉讼上的和解作为强制裁定体系一环节成为强加或者容忍"二流正义"的场所,还是作为讨论与交涉论坛一环节成为以实现判决以上正义或者公正妥协为目标的场所的关键。

　　诉讼上的和解要作为讨论与交涉论坛一环节恰当地发挥作用,就期待法官在进行和解劝告时不是仅仅以判决的风险或成本为由,而是在基本上运用公正程序认定判决作成所必要的事实,即使法的解释、适用上也充分考虑当事人的意见,并就判决内容酌情公开一定的心证的同时展开的。从法官保持公正性和尊重当事人自主性两观点来看,法官的公正情报收集和正当的情报开示发挥着最重要的作用。[61] 所以,从对当事人进行程序保障的观点来看,即使在和解期日,原则上也希

---

　　[61] 关于 ADR 中情报提供的定位,还可参见山田文:《审判外纠纷解决中程序性考量研究》(二),前注[54],第 320—329 页。

望情报的收集和提供是以双方对席的方式进行,这样就可以使法庭辩论能够充分地发挥当事人间对话讨论或者交涉的作用,以促进与有利于自主解决。在双方难以采用对席方式的场合,如果需要的是要件事实以外的间接事实、背景事实及和解方案等,虽然也允许通过适当的交互见面式消除间接交流的障碍或者调整分歧,但是有关事实认定或法的观点等判决内容的心证开示上对双方应当是一致的,必须严格慎重地运用情报进行诱导。

在诉讼上的和解中,尤其在本人诉讼的时候,期待法官家长主义式的监护性照料。但是,强化法官对双方当事人分别听取情况、把握纠纷的整体状况和主要争点、然后以此为基础作成或提示和解方案的管理型"非法化"这种做法,容易成为简单化的形式主义,除小额轻微定型等纠纷外,在其他纠纷中原则上是不恰当的。与其如此,倒不如通过法官和双方当事人根据三者间的讨论和意见交换就纠纷整体状况形成共识,以支持双方当事人在此基础上自主地进行利害调整或者纠纷解决交涉为基调,向着促进普遍主义司法基本框架下的自治型"非法化"方向推进。

就事实的阐明,在运用非公开、非正式程序之外,基本上同法庭辩论一样,除了依据法的正义或者衡平观点矫正无法忽视的不均衡而进行的监护式照料,其它都应当委诸于当事人的自律或者自我责任。在此基础之上，应当通过扩大和组合判决救济以外的可能选择项，既广泛灵活地探求缓和或者摆脱零和游戏状况的解决，也积极地努力暗示或者提示一定和解方案。

但是，扩大争点和选择项的做法并非总是有利于纠纷解决，反过来也有陷入无法控制或者全面纠纷的危险，将它们仅仅限定在部分或者一方面的法的侧面还是明智的。尤其是对于诉讼程序内的 ADR，过多期待交涉理论所主张的调和性解决是有问题的。而且，即使说需要心理医疗师式活动的案件，不管对律师怎么期待，但如果对法官的期待也是如此，从其权限或者职责等来看就存在着疑问。

在法官以上述方式参与和解时，虽然有通过行使裁量突出提供社会服务的一面，但是必须认识到这种与诉讼上权限不离不弃关系地行使始终伴随着公共责任和制约。而且，和解劝告方式的实际状况因法官的能力或者个性有很大区别，从信赖司法公正的角度来看也是问题。因此，不全部委诸法官的程序裁量，公布裁量行使的一定范围和原理性指南并以此为理由将当事人、第三人要求或批判法官具体活动的程序保障予以制度化都是必要的。⑫

不管怎样，法官参与和解也是旨在于法上作成正确判决的活动的一环节，他当然不应当进行混淆判决作成者与和解促进者之间作用或者损害自身公正性的活动。例如，和解期日得到的情报不应当作为判决的基础等虽然是当然之事，但是在现实中这种区分相当困难。尽管那样，以难以区分为由将辩论兼和解正当化就是本末倒置啦。如果辩论兼和解对法官和当事人双方而言确实有利于充实审理，就不是像现在这样制度正统性含糊不清的状况下惯例化，应当探讨在完备程序保障基础上的积极活用方向。

2. 在诉讼上的和解中，无论是交涉过程还是和解方案的作成都要求或者期待法官的积极参与，律师总的来说对此也持肯定态度，相对于当事人的自主相互交涉往往更依赖法官家长主义式的活动。但是，比判决场合更能决定和解成败及其质量的是律师，他必须充分认识到这种职责并发挥被期待的作用。

律师以有利于本人的解决为目标，在展开有说服力的、能够推动法官在法上作成正确判决的法庭辩论的同时，还必须依据诉讼开始前交涉状况一边预测诉讼结束后下一步交涉，

---

⑫ 关于民事诉讼改革中重视程序裁量方向的讨论，参见加藤新太郎：《实质与形式的统合与程序裁量》《交涉与法》，载研究会编：《审判内交涉的理论》，前注⑩，第 127—137 页；加藤新太郎：《争点整理程序构想》，载《判例时报》第 823 号（1993 年），第 6—27 页。

一边进行诉讼中的和解交涉。因此,律师在诉讼中活动的视点虽然与法官相重合,但是未必有法官那样采取内在视点认为实定法规范具有排它或者优先理由的职责义务,为了充分满足本人的利益和需求他采用战略地运用实定法规范的视点也是可能的,这反倒是律师的职业责任。律师未必采取法的理由而是从自由的视点去判断判决与和解哪一种方式更能充分满足委托人利益和需求,为此他应当努力说服的不仅是法官和相对方还包括委托人,尤其说服委托人是他自己的责任,不应当把它转嫁给法官和相对方。

民事诉讼程序内吸收和解、由同一法官同时进行两个程序的趋势越来越强,法官和律师对实定法规范的视点重合与分歧在诉讼程序展开时会产生一定的紧张关系。但是,关键是不让这一紧张关系僵硬化地导致相互不信任或者通过相互习惯的妥协来谋求缓和,而是使之弹性地活性化法官和律师三者之间的相互对话。向这一方向推进之后,民事诉讼能恰当地发挥作为中枢法制度的作用,结合各个纠纷回应社会法的要求、具体化并继续形成一般法规范,也能提高法体系、司法制度的应对性与敏感度。

在诉讼以和解终结的场合,无论法官还是律师很多情况下都要求本人到场。虽然这确实是获得本人同意的重要办法之一,但对法官和律师或者说律师和委托人之间的信赖关系都有微妙影响,尤其是对于律师和委托人之间的关系,据说和解的情况下纠纷很多,所以有必要慎重考量。而且,在律师一方强调当事人主导型诉讼的场合,虽然往往将律师和委托人之间的利益一致作为当然的前提去展开讨论,但随着和解处理事件的比重增大,还是应当注意他们之间可能会产生利害对立。㊽虽然律师往往只是批判法官的官僚和饱受体制,但不能忽略的是一般人也会对律师拥护既得利益的态度投以不信任的目光,而且作为强化法官职权主义诉讼指挥的理由还会经常指责律师准备与能力的不足。

正如前文一般性指出的那样,尤其在重新探讨法官和律师在包含着和解的民事诉讼中的作用时,原理上区分本人诉讼和律师诉讼进行考察显得更加重要。将本人诉讼和律师诉讼两者一并纳入程序改革的讨论既无法恰当解决一方面对法官家长主义式监护性照料或参与的过度期待和依存,另一方面当事人把不合理的利益和需求带至诉讼等这些问题,还有招致法院维持现状的态度及对它的失望与不信任、强化社会"反法化"倾向之嫌。

总体来说,要使民事诉讼将和解也纳入其程序过程以能够恰当地应对法的纠纷的多样化与复杂化,法院自身的接纳

㊽ 荻原金美:《民事诉讼法修改与争点等的整理程序》,前注⑱,第21—22页。

或者应对态势的完备、诉讼利用者自身相互主体态度的成熟都是必不可少的。但是，为了校正往往期待或者依赖法院或者行政机关家长主义式监护的"法化""非法化"倾向，眼下关键是通过扩充强化律师支援或者代理法院外自主纠纷解决交涉的活动，促进自治型的"法化""非法化"倾向，使法体系整体的运行由所谓垂直型向水平型转换，以谋求司法制度向社会的渗透。在这个意义上，也可以说律师活动能否在质和量上同时得到充实是决定民事诉讼改革成败和去向的关键。

（三）法制度设计的理想方案

伴随着现代社会的高度复杂化，法体系要恰当地发挥所期待的多种社会功能，只是通过依据一般法规则为基调的普遍主义型法体系去消极地制约、规制权力行使和违法行为是不够的；就规范自身而言，由于人权条款、一般条款等法原理比重的提高、灵活开放结构的采用，法的不确定性在增大。为此就要求现代法体系将管理型法和自治型法用作补充措施，通过授权公权力机关监护或者介入社会经济生活的权能、以及私人自主地就法进行相互交涉或者形成组织与关系的权能，来提供促进公私积极进行法活动的范围和指南，增强社会对法的要求的应对能力和敏感度。法体系的这些现代变化产生的"法化""非法化"的讨论，是民事司法改革的一般背景。

由以上几个主要争点的探讨来看，要解决以依据一般法规则和形式程序为基轴的民事诉讼功能停滞问题，通过法官积极的裁量活动促进当事人之间的交涉与讨论来寻求诉讼功能的扩充和活性化是否恰当，显然也是各个争点共同的原理争点。确实，如果法官恰当地进行裁量，当事人之间的自主交涉与讨论充分地发挥作用，即使不依据实体法或程序法、不受这些法的约束，诉讼程序整体上也可以更加符合正义的方式发挥功能，而且通过和解或许能实现判决以上的正义或者至少是公正的妥协。问题是在法上如何确保或者促进法官的公正裁量，或者说如何防止在法官没有能够公正裁量情况下不仅和解停留于"二流正义"，而且诉讼程序整体公正及其结果质量低下的危险。

最近民事诉讼改革和推进 ADR 的讨论中，整体上也可以看到一方面强调由一般规则或形式程序规则规制或者制约的局限或弊害，要求强化法官裁量活动；另一方面比起赋予禁止性消极义务更希望在法上规定理想地进行案件管理和活用ADR 的积极职责的倾向。[54] 确实，只是委由法官裁量，可以看

---

[54] 关于美国的情况，请参见 R. A. B. Bush, "Efficiency and Protection, or Empowerment and Recognition?" 前注㊝, pp. 276—286. 等。

到法官不同偏差会很大，易于产生不公平。而且，一般来说裁量的行使会变得消极、继续采用历来的被动态度，让人有顺其自然的"漂流审判"没有得到改善之虞。所以，至少通过制作便览和研修等谋求裁判实务质量的提高是必要的。再者，虽然对于充实和促进审理而言不可缺少律师的协助，但是律师一方对于伴有失权效等惩罚措施的协助义务抵触情绪很大。不过，由于律师准备或者能力不足也被视为强化法官职权主义裁量的理由之一，所以至少有必要通过律师伦理确立有效的自我约束，以努力避免招致法官的批判和委托人的不信任。

不只是诉讼程序，或许所有的法制度设计都希望规定有助于理想地实现其制度目的的积极行为规范。但是，无论如何规定这种规范，它的具体实现都不同于消极的禁止规定，很多时候不得不依赖运用该制度的个人能力或意志，难于从外部进行强制。而且，即使制度利用者可以抽象地期待运用制度的担当者依照规定积极的行为，也没有可以正统地要求一定具体行为的法的理由，整体上预测运用者行为的可能性就会降低，制度利用的结果不得不取决于运用者的裁量、充满着不确定性。

在以诉讼程序为代表的法制度设计中，如果借用富勒的话，它不是以要求、赞赏最大限度实现人类能力的"愿望的道德"，而应当以规定有序社会成立所必不可少的基本规则及对违反者的惩罚的"义务的道德"为目标。⑥ 尤其是处于法体系中枢地位的诉讼程序,即使在法体系整体功能扩大和多样化的今天,基本来说关键还是缩减恣意专断对自由的侵害和不公平的处理。用游戏理论的用语来讲,就是在不确定状况下有若干可能选择方法时,利用"最大最小值原则"的保守战略,选择可能产生的最坏结果优于其他方法结果的方法是最恰当的。⑥

在从这种观点思考诉讼制度时,大脑中所设想的就不是哲学王或赫拉克勒斯那样理想型的法官,而是一般的法官,目标方向是尽量以一般制度利用者也能理解的方式规定法官可能遵守的活动范围和指南,在必要的情况下利用者能以此为由要求或者批判法官的行为。既然是请求通过公权力行使来解决纠纷,利用者也应当正确认识到作为公与私或者一般性与个别性反馈场所的诉讼程序存在着一定的制约与局限,私的个别利益或者需求的充分满足必须从公的或者一般的观点来看是能够正当化的。

即使在民事诉讼制度设计中,也不应当以"非司法化"战略为基调,把复杂多样的纠纷解决完全委诸于强化法工具主

---

⑥ L. L. Fuller, *The Morality of Law*, 2nd, ed. (1969)

⑥ 关于依据这一方法展开的民事诉讼目的论,参见山本和彦:《民事诉讼目的与功能》,载《法学家》第971号(1991年),第206—212页。

义的管理型法和非正式主义的自治型法的运用。在日本审判实务的现状下,首先确立"非司法化"战略公正运行的背景条件,寻求作为普遍主义型司法根基的诉讼(判决)程序本身的完备与活性化才是先决条件。即使通过活用 ADR 扩充民事诉讼的固有领域,也应当尽可能地推进把管理型法与自治型法的运用置于普遍主义型司法控制之下的"普遍主义型"法化的中心战略。

最近对诉讼(判决)程序的批判和 ADR 的支持论,没有充分理解普遍主义型司法的这种背景意义,往往倾向于单纯选取它的原理性局限和负面功能。而且,对于诉讼上的和解等纳入诉讼程序的 ADR,很多时候将一般 ADR 的正当化理由照搬过来未必妥当,现实是运用非正式主义的自治型法相对于以之为理想的当事人主导型自主纠纷解决交涉的充分运用更容易招致对法官主导的效率的或者家长式的管理型法运用的强化及对之产生依赖。在近来民事诉讼改革的讨论中,对于诉讼上的和解与辩论兼和解的内在原理性矛盾的认识与评价,虽然也有部分率直的严厉批判,但总体看起来并没有太大的价值。

从这一现实来看,在民事诉讼改革中首先通过普遍主义型诉讼程序的基本框架抑制管理型法的肥大化及其恣意运用,然后在此基础上谋求强化相互主体的自治型法的运用及扩大这一领域的二段结构战略是恰当的。如瑞思尼克所强调的那样，民事诉讼存在的核心理由体现在依据实体法规范进行权利判定和救济时，透明地作出决定、记录作成、公共监督和参与、上诉审的再审查等这些公共或规范性维度上。在重新确定民事诉讼在现代的作用时，也应当坚持这些核心。推进诉讼与和解的融合倾向，以双方当事人的合意为正当化理由去缩减诉讼的公共或者规范性维度，很可能导致"法"在诉讼中具体实现的核心空洞化。公权力的强制行使和运用权力实现私人利益之间的短路结合，看起来扩大了诉讼的功能并提供了充实的社会服务，但实际上却很可能招致民事诉讼在自由公正社会中权威的降低，作为民事诉讼改革方向很难获得支持。

在现代法体系不确定性增大、社会整体的脱规范化倾向也波及到法、"法"呈继续扩散的趋势之中，民事诉讼要在纠纷解决中继续占据中枢地位，就应当倾力扩充作为其核心功能的、运用判决进行权利判定与救济的公共或规范性维度的作用，以通过诉讼程序内吸收 ADR 来寻求作用扩充的基调存在着很多问题。在最近民事审判实务和民事诉讼改革讨论中，可以看到这种倾向相当强，我觉得有必要修正这种轨道。

05
结语——总结与展望

在上述考察中,为了明确我国进入 90 年代以后正式进行的民事司法改革的背景与射程,笔者将我国民事诉讼实务 60 年代以后的动向和民事司法改革的主要争点同"法化""非法化"讨论联系起来,主要从法理学角度探讨了在法体系现代性变更之下决定民事诉讼作用方向调整的原理性争点。相对于目前就民事司法改革争点逐个展开热烈讨论,这里侧重于有关原理争点问题整体状况的描述,所以始终是在一般、抽象层面进行问题的整理与提出,我自己对民事司法改革每个争点的观点则不得不留作今后的课题。

以上考察也表明,要使我国民事诉讼恰当地应对社会"法化"所伴随的法的纠纷增加和复杂多样化,扩充它的作用基本上还是必要的。问题是如何考虑其作用扩充的具体方向及完备相应的基础条件。

我国法体系与司法制度从明治后期到现在,在法制度应对社会"法化"上一直怠于完备普遍主义型法的活性化和有效接近审判的必要主体条件,法体系总体上采用了行政主导的管理型"法化"政策,法制度对法的纠纷解决的应对上重视的也是非正式的法院附设调停与各种行政处理程序。不仅一般人的法文化,就是法实务中的"反法化"倾向也很强;整体而言,无论管理型还是自治型,都存在着易于接受"非法化"政策的根基。

目前的民事司法改革讨论基本上也继承了这一政策,谋求通过把诉讼上的和解、辩论兼和解等ADR纳入诉讼程序的"非司法化"战略扩充民事诉讼作用的方面颇有影响力。可是,如果这一战略不与保障有效接近诉讼、充分利用口头辩论、判决的创造性权利判定和救济等诉讼(判决)程序本身的改革并行推进,即使扩大了固有的民事诉讼范围,民事诉讼在理想上或许可以实现诉讼(判决)解决以上的正义,但在现实中却可能沦为以低于诉讼(判决)的"二流正义"强制妥协的场所,其程序过程和结果内容也会失去法的核心,不得不成为核心扩散的事物。

确实,现行的诉讼(判决)程序作为理想的纠纷解决方法绝非最善之策,或许不过是次善之策。但是,将各种ADR纳入诉讼程序内是否强化了"法的支配"的存续根基是一个疑问,不把普遍主义型"法化"战略作为基础性背景条件的"非法化""非司法化"战略,尤其在目前日本的法状况下作为民事诉讼改革方向是不恰当的。

要使原来的诉讼(判决)程序活性化和保障有效地接近诉讼,不仅民事诉讼程序与实务改革,而且扩充法院人力和物力条件、增加律师并改善其业务体制、充实法律扶助等制度改革都是必不可少的。但是,法曹三职业在这些制度改革上难以形成合意,总有将现有司法容量和法曹人口作为给定条件现实地就程序与实务进行"非法化""非司法化"改革之嫌,正如三月章早就指出的那样,担心它很可能是"法律家脆弱"的"日本特有变异"的扩大再生产。

当然,在现行民事诉讼程序及其实务中显然也有推进"非法化""非司法化"的诉讼(判决)程序批判论和 ADR 支持论所指出的种种制约和限制。所以,即使在从法律学内在视点参与改革讨论的场合,也不是将这些批判或建议一概作为从外在视点的观点予以拒绝,将合理的内容积极导入法的纠纷解决体系中、确立 ADR 与诉讼之间的分工与协调机制、最终谋求民事司法制度植根于社会整体也很重要。

对于民事诉讼程序本身融合地吸收 ADR,很多时候会有缩减诉讼或判决的规范性或者公共性作用、使诉讼核心功能扩散的担心,不得不对之表示批判或者怀疑。但是,诉讼(判决)程序正当地发挥功能下各种公私 ADR 的扩充,对于应对法的纠纷增加与复杂多样化是必要而且不可欠缺的。对美国等令人眼花缭乱的 ADR 扩充与各种各样的讨论,既不应表示拒绝也不是不加批判地追随,更应当结合我国现状予以学习之处颇多。

问题是这样的民事司法扩充政策是否能够得到社会的广泛支持和协助。要获得支持和协助首要的是法曹的三职业之间必须努力地超越相互的利害或者权益对立,相互协助使民事司法制度成为国民身边在必要时现实可以利用的制度,以确立社会对法的职业及其活动的信赖。对于民事司法制度和法曹活动来说,只要不产生这样的状况,运用公共费用去扩充法院的人力物力设备和充实法律扶助制度等也就很难获得社会的认可。我国不限于司法制度的整体"法化"缓慢或者说不充分,固然很大程度上是由于当时的政府或者法曹相关人士采取抑制"法化"的制度应对策略所致,但最终还是由于一般社会民众接受的原因。

在所有领域规范性事物权威减弱、"数字""力量""利益"理论愈发有影响力的潮流之下,法体系与司法制度能否不为这一潮流所吞没,继续发挥以"正"和"理"逻辑为基调的对话性调整论坛的作用,在法的不稳定性和不确定性逐渐增高的情况下,越来越依赖于法曹职业的实践智慧和活动。所以,能否确立社会对法曹的信赖决定着法体系与司法制度是否能够恰当地发挥这种作用。

如果看下相关利益集团或者组织在"政治改革""行政改革"的名义下一直进行的或希望进行的改革,"司法改革"有当初提出的改革目标后退、讨论缩减到现实应对利益调整的倾向,前途未必乐观。但是,正是政治和行政混沌的时期,在自由和公正的社会中期待司法踏踏实实发挥作用的领域就很大,所以希望民事司法改革能够向着开辟能够展望 21 世纪我国司法未来的方向发展。

第四章
现代型诉讼与政策形成

现代社会与审判
民事诉讼的地位和作用

第四章
现代型诉讼与政策形成

▶ **01**

诉讼功能的扩大

（一）现代型诉讼的背景与特征

1. 70年代前半期，四大公害、森永牛奶中毒案件及萨利德迈药品公害案件等重大公害和消费者受害请求救济的诉讼中，通过胜诉判决与和解取得的成果大大提高了纠纷解决和权利救济中对审判的作用期待。与当时日本社会正式开始的"法化"、居民运动和消费者运动等市民运动相呼应，对审判的要求逐渐增强，它已不是单纯地要求充实对受害者的事后救济，而且还在向运用禁止请求诉讼和行政诉讼要求公共组织、国家及地方自治体等采取事前措施防止侵害发生的方向发展。

在环境公害诉讼中，大阪空港诉讼是这类诉讼进入第二阶段的典型案例，该案件不仅请求损害赔偿还请求禁止夜间飞行。1975年11月大阪高等法院上诉审中划时代的判决格外引人关注,尽管法院在判决中没有就环境权进行判断,但却根据人格权禁止晚上九点以后夜间飞行。这一判决的影响是巨大的,随后,空港、基地、新干线及高速公路等的噪音防止、反对设置火力和核能发电站、取消填海造湾等诉讼陆续在全国各地提起。

但是,法院对请求禁止公共事业诉讼基本上是一直坚持严格态度,这类诉讼中原告相继败诉。即使大阪空港诉讼,1981年12月最高法院大法庭也以禁止夜间飞行是司法对行政的干涉为由而推翻了控诉审判决。

消费者诉讼亦是如此。随着主妇联合会果汁诉讼、灯油垄断诉讼及减少邮政存款利率诉讼等包含有消费者保护政策和政策批判意义的新型诉讼提起,法院的应对态度格外引人关注。但遗憾的是,法院在这类诉讼中的态度比环境公害诉讼更为严格,最终几乎均以原告败诉而终结。

与上述类型诉讼相重合,行政诉讼虽然有若干例外,但整体上是严格地解释诉的利益和处分性等诉讼要件,不仅对扩大门户本身持消极态度,而且本案审理上也是继续坚持行政机关专业技术判断和公共性判断优先、承认宽泛的行政裁量的做法。

在以行政机关为相对方的诉讼中,国家赔偿请求诉讼是少数例外情况。由于它是事后救济而且易于运用司法逻辑,

第四章
现代型诉讼与政策形成

70年代相当广泛地出现了承认国家责任的趋势,乃至于一度有评价认为它发挥着行政诉讼的替代功能。但是,1984年1月大东水害诉讼中,最高法院判决撤销了居民胜诉的控诉审判决,显然限定了河川管理责任成立的可能性;次年的加治川水灾诉讼最高法院判决再次确认了同一标准以后,可以看出这一趋势呈显著后退的迹象,下级审法院追随最高法院判决的情形也在逐步增加。虽然可以认为通过1990年12月多摩川水灾诉讼最高法院的判决对这种趋势发挥了一定刹车作用,但感觉到它确立了就国家赔偿诉讼整体上采取像上级审那样严格的态度取向。

法院对含有批判国家政策诉讼的消极态度在宪法诉讼中体现得更为显著。尤其是最高法院,虽然被强烈期待行使司法审查权,发挥"宪法守护人""人权保护最后屏障"的作用,可是至今能够依据这一观点进行评价的大概只有1995年7月等时点的众议院议员员额分配规定违宪的判决。在围绕人权的各种宪法诉讼中,如津地镇祭祀诉讼、拒绝自卫官合祀诉讼、非婚生子女继承区别对待诉讼等,下级法院虽然作出了数量众多的违宪判决,但最终全部为一贯秉持司法消极主义立场的最高法院所推翻。

80年代以后,不依原告期待判决的诉讼总体上格外突出,给人一种司法救济遇到严重障碍的感觉。不过,尽管法院持这种消极态度,但包含有政策性、原本适合由立法或行政层面解决却进入法院的纠纷和要求在数量上确实也在增加。

这些诉讼要求的内容,虽然也不乏通常认为可由司法进行充分判断、救济的情形,但事实上也有经常可以看到的、像各种新型权利或人权主张那样众多难以直接进行司法救济的要求。法院消极应对本身虽然有很多问题,但是这类诉讼中当事人对立结构及因此期待诉讼发挥的功能与现行审判制度原本预设的诉讼类型有相当大的差异,不能忽略法院的消极态度也有这方面的原因。

所以,在评论法院在这类诉讼中态度的对错或者探讨它的应对方法之前,重要的是从更宽的视野去正确理解这类诉讼的特征与背景,它是在什么背景下、以什么样的对立结构及对诉讼有何期待的背景下提起的等。①

2. 最近,新型诉讼经常被赋予"现代型诉讼"的名义,并就其意义、特征及对策等展开讨论。它还被称为政策志向型诉讼、政策形成型诉讼,此外还有采用美国同样的概念称之为

---

① 就我对现代型诉讼和审判政策形成功能观点的详细论述,请参见田中成明:《围绕审判的法与政治》,有斐阁 1979 年;田中成明:《审判的法形成》,载《新实务民事诉讼讲座》(1),日本评论社 1981 年;田中成明:《现代审判的功能扩大》,载《公法研究》第 46 号(1984 年);田中成明:《权利的生成与审判的作用》,载《法学论丛》第 116 卷 1~6 合刊号(1985 年);田中成明:《司法的政策形成与最高法院的作用》,载《法学研讨》增刊《今日最高法院》(日本评论社 1988 年);田中成明:《现代日本法的结构》(增补版),悠悠社 1992 年版,第 2 章、第 6 章。

第四章
现代型诉讼与政策形成

公共诉讼、制度改革诉讼等,无论哪一种称法都暗示着这类诉讼的特征。②

称之为现代型诉讼,并不是说它与固有的诉讼类型在性质上完全不同,应当说很多方面基本上不过是程度的差异而已。关于它的特征和范围,理解上有很大差异。特殊损害赔偿请求诉讼、请求国家赔偿诉讼、禁止请求诉讼、行政诉讼及宪法诉讼等大致可以视为它的代表性事例,这里先以这些诉讼为中心,通过与固有型诉讼的对比看下现代型诉讼的主要特征。

第一,固有型诉讼预设的典型纠纷是立场具有互换性的极少数当事人之间的二元对立纠纷;与之相对,现代型诉讼很多情形下是由社会经济、政治上处于"弱势"或者"少数"地位的人以企业、国家或者地方自治体等"强者"为相对方提起的

---

② 关于我国这一问题的主要研究,参见小岛武司:《"公共诉讼"的理论》,载《民事诉讼杂志》第 23 号(1977 年);平井宜雄:《现代不法行为理论的展望》,一粒社 1980 年;伊藤真:《民事诉讼中的人》,载《岩波讲座·基本法学(1)·人》,岩波书店 1983 年;新堂幸司:《现代型诉讼及其作用》,载《岩波讲座·基本法学(8)·纠纷》,岩波书店 1993 年;和田英夫:《公共利益与公共诉讼》(一)(二),载《法律论丛》第 56 卷 1·2·3 合刊号(1983 年);大林文敏:《宪法判断的影响论》,载芦部信喜主编:《讲座宪法诉讼第 3 卷》,有斐阁 1987 年;大泽秀介:《现代型诉讼的日美比较》,弘文堂 1988 年;佐藤幸治:《现代国家与司法权》,有斐阁 1988 年;和田英夫主编:《诉讼制度与司法救济》,劲草书房 1989 年;天野等主编:《审判的法创造》,晃洋书房 1989 年;户松秀典:《司法审查制》,劲草书房 1989 年;六本佳平:《"现代型诉讼"及其功能》《审判法社会学》(二),载《法社会学》第 43 号(1991 年);守屋明:《纠纷处理的法理论》,悠悠社 1995 年,尤其是第三章第 1 节。

诉讼结构。而且，也是为了修复这种力量的不均衡，不少场合下采用相当多人组成集团成为同一诉讼当事人或者分别提起同种类诉讼的策略。

以企业、国家及地方自治体为被告大概也有对高额赔偿金现实负担能力的考虑在起作用。但是，基本来说很大程度上还是由于现代权利侵害和纠纷往往产生于"结构"立场缺乏互换性的主体之间。

第二，在现代型诉讼中，并不是单纯地运用损害赔偿对受害者进行事后的、个别的救济，很多场合下还要求事前采取措施防止被害本身的发生，或者期待审判具有影响未来的、广泛的一般性效果，以及诸如运用判例承认新型权利等法创造之类的对立法、行政、社会舆论及社会运动等政策过程的波及效果等。因此，利害对立关系也是复杂地、多中心地混杂在一起，作为审判直接对象的法的争点很难完全抛开与之相关的政治、社会经济等一般政策问题予以审理或解决。

而且，现代型诉讼通常不仅诉讼当事人难以确定，而且在直接的诉讼当事人背后通常还存在着大量法或者事实上受审判结果影响的潜在利害关系人。在诸多案件中，还包括批判国家或者地方自治体等的政策形成的目的，审判被期待作为市民参与政策形成过程的一种论坛发挥功能。

第三，以上特征的结果是，很多时候是既要看到围绕事实

第四章
现代型诉讼与政策形成

关系阐明、具体被害认定或责任有无判定等的尖锐观点对立,又要在审理时比起固有型诉讼不得不扩大应当考虑的利害关系、政策问题或判决效果等。所以,审理变得长期复杂化,也增大了既存法律规范以外因素左右判决内容的程度。而且,为了校正当事人之间进行诉讼能力的不均衡、收集相关的必要信息并听取潜在利害关系人的意见就不得不强化法官监护式的诉讼指挥。

对于现代诉讼而言,由于上述特征的存在,如果不以某种方式缓和现行审判制度的结构制约,很多场合下就不可能恰当地发挥现实期待审判发挥的作用。③ 而且,就现代型诉讼审理与判决中运用的法的思考而言,纯粹利用要件—效果模式的法的思考是不够的,为此不得不以某种方式吸收目的—手段模式与妥协调整模式,传统法问题解决方法的难题④变得尖锐化。

将现代型诉讼的增加视为日本特殊法文化背景下的过渡性病理现象,认为基本上应当把它们置于审判固有领域之外的观点也很有影响力。⑤ 但是,在通过逐渐扩充审判外 ADR

---

③ 具体请参见田中成明:《围绕审判的法与政治》,前注①,第 157—212 页。
④ 田中成明:《法理学讲义》,有斐阁 1994 年、第 318—319 页、第 404—406 页;亦可参见本书第一章第二节。
⑤ 例如,三月章:《民事诉讼的动向和今后的课题》,载《新实务民事诉讼法讲座》(1),日本评论社 1981 年,第 3—24 页。

实现法纠纷解决体系多元化、社会整体政治化使市民参加政治途径多元化的今天，这种观点很难获得支持。反倒历来被视为民事诉讼典型对象的纠纷运用审判外 ADR 解决的趋势越来越强，不仅如此，而且进入审判的纠纷中或多或少带有现代型诉讼特征的事例在增加。尽管它们在全部诉讼案件中数量不多，但是不能忽略它们在确保审判正统性、作用期待与评价中的重要地位。

而且，在公权力广泛地监护或介入市民社会经济生活、社会经济关系逐渐集团化或组织化的现代状况下，个人具体的权利或利益的救济、实现与公共政策的存在方式和利益分配状况不可分割地交织在一起。弱者和少数人的权利或利益主张在立法或行政层面的政策形成过程、私的纠纷解决过程中接受公正考虑变得越来越困难。而这种政治结构正在推进现代的"法化"，这也是现代型诉讼不能忽略的背景。

大部分的现代型诉讼都是在这种政治结构下，由认为权利或利益受到不当侵害、要求或意见被无视的人们在不得已情况下，虽有些迂回但作为"最后的手段"（ultima ratio）提起的。它期待通过审判的政策形成在谋求权利救济和实现要求的同时，确保并修复立法或行政过程的公正运行，所以基本来说法工具主义的审判策略展开众多。

在这个意义上，现代型诉讼很多场合下基本上是司法对德国"法化"讨论中被称为"规制的三难困境"（贡塔·托依布纳）和"生活世界殖民地化"（尤尔根·哈贝马斯）等病理现象的应对。⑥ 在这些案件中，很多要求是问题性质上或现行审判制度框架下难以成为司法审理对象却又被主张，或者即使成为审理对象但也难以找到司法救济的恰当法理由和具体措施，实际上审判很难充分满足或面对的期待。尽管如此，这种诉讼有增加的趋势，如何打破现行审判制度的界限，如何重新理解审判在现代社会中的作用正在成为围绕现代型诉讼进行讨论的中心争点。

（二）讨论争点与对立状况

1. 现代型诉讼被期待发挥的作用虽然一般称为政策形成功能，但具体如何理解该功能却分歧很大。这不仅妨碍把握现代审判功能扩大的全体像，而且总是与如何应对它的规范性讨论纠缠在一起。

这种理解分歧最鲜明地体现在，在以现代型诉讼功能为问题时，是否不仅要把判决的规范效果而且要把事实效果也

---

⑥ 参见本书第一章第三节及注⑳列举的文献。

纳入考察视野、如何定位诉讼程序从开始到判决（或者最后没有形成判决）的展开过程本身的效果等问题上。所以，为了理解审判在现代型诉讼反映出来的、不限于政策形成功能的多种功能是什么，这里首先结合判决的功能和诉讼程序过程的功能、对诉讼当事人的直接效果和对第三人、社会一般民众的间接效果的二元区分，将审判的功能领域分为四部分，由整理各功能领域的定位和问题状况入手来展开探讨。

关系人＼诉讼	判决	程序过程
当事人	I	II
第三人、社会一般民众	III	IV

在这四个功能领域中，I领域判决对当事人的功能是现行审判制度的固有领域，对于传统纠纷解决功能的制度正统性大概不会有异议。历来关于审判的法律学讨论也是以这种个别纠纷解决功能为中心展开的。

论及审判功能扩大的场合，通常认为是II～IV领域的问题；其中，最早被作为问题的是III领域判决对第三人、社会一般民众的功能。这一功能一般被称为审判的法创造功能（法形成或者准立法），它是通过形成示范性判例然后以之为审判内外类似纠纷解决的法的标准来实现的，关于它的制度正统性存在着观点的分歧。

第四章
现代型诉讼与政策形成

在法律学者中，很多人把审判的政策形成限定理解为Ⅲ判决的法创造功能。但是，作为政治、社会的事实，要整体阐明审判在政策形成过程全体现实发挥的多方面功能，不仅Ⅲ的法创造功能而且Ⅳ程序过程对第三人、社会一般民众的功能都有纳入考察视野的必要。不仅作为确定判决的判例的规范性效果，而且由诉讼提起经法庭辩论到判决的一系列过程——由第一审到最后审——展开本身对于政策形成过程事实上的间接影响，作为审判目前正在发挥的功能都是不可忽视的。

诉讼程序过程的功能中，不管怎么说对第三人、社会一般民众的功能都是因法律学外部的政治学和社会学的关心才引起关注的；与之相反，虽然Ⅱ对当事人的功能与Ⅳ的功能认识有重合之处，但作为理论上大致不同问题，它是民事诉讼法学者对程序保障重新展开讨论过程中基于法律学内在的关心逐渐引起关注的。⑦ 目前，Ⅱ在功能上具有无法完全还原至Ⅰ的固有内在价值，可以认为一般认可它在审判内外双方当事人的纠纷解决中独自发挥着重要作用。

2. 上述事实上可以看到的审判功能中，作为现代型诉讼政策形成功能问题的是Ⅲ和Ⅳ领域。它们所包含的问题群在

---

⑦ 关于这一点，请参见本章第三节。

理论上大致分为以下三个方面,下面简单描述下各个问题群的讨论状况。

(1) 每个审判中法适用(判决作成)过程的创造性。英美判例法主义下就审判存在着法宣告说和法创造说的对立论述,在德国和我国等成文法主义下是作为法解释和欠缺补充的创造性质予以论述的。目前,姑且不论是否可称之为"创造",但几乎没有人否定裁判的这种创造性。

(2) 判例的法源性、先例的拘束力。围绕审判的法创造功能在法理论上历来争论最多的就是这一问题。不同于确立了先例拘束性(stare decisis)原理、采用判例法主义的英美诸国,在我国这样的成文法主义下,过去通说认为判例不是法源、判例的拘束力不过是事实上的而不是法律上的效力。即使现在,审判实务仍然是采纳这一观点,不过在法学者之间认为应当承认判例法源性、法律上拘束力的观点正在逐渐变得有影响力。

(3) 审判政策形成功能、司法的政策形成。这原本是一组政治学或者说社会学概念,是美国最高法院政治学研究论述司法审查权时开始使用的概念。我国也是在宪法诉讼中首先使用它们,现代型诉讼开始作为问题后才逐渐广泛运用到民事诉讼的法律学讨论中。

(3) 的政策形成功能是比(2)判例的法创造更宽泛的概

念,它不仅包括确定判决的先例功能,还包括最终被推翻的下级审判决的功能,乃至于诉讼提起、公开的法庭辩论等诉讼的一系列程序展开过程对以立法、行政为中心的政策形成过程整体上事实上的间接影响,意味着诉讼对政策形成过程具有的一切规范性和事实上的效果。所以,在以审判的政策形成功能整体作为问题时,将(2)的法创造功能作为(3)的功能的环节之一来把握,不仅考察它在法的过程而且考察它在政策形成过程整体中发挥的作用是必要的。

在上述围绕审判的政策形成功能讨论的问题群中,"成文法主义"对"判例法主义"、"法律学的"对"政治学的、社会学的"、"法律上"对"事实上"的对比模式都发挥了重要作用。几乎所有的论者都肯定(1)的创造性,对于(2)的判例法源性和(3)的政策形成功能,二者择其一地理解这些对比模式并坚持这种做法的法律家们总体上是持否定态度的。"由于我国采用成文法主义,判例的拘束力不过是事实上的;判例不是法源,所谓的政策形成功能等是事实上的问题;姑且不说它是政治学、社会学的研究题目,但与法律学讨论没有关系"的逻辑处于支配地位。

这一逻辑是否恰当将在下文讨论,这里需要明确的是,无论如何都难以否认(2)的法创造功能和(3)的政策形成功能在原理上包含着同现行审判制度框架相对立的难题。

现代司法审判一般以在规范理论上区分确立法规范的立

现代社会与审判
民事诉讼的地位和作用

法及把该法规范适用于具体案件的司法为前提,民事诉讼本来的功能被认为是通过私人的主动性事后个别地解决特定主体间具体的私的纠纷。所以,在这样的制度框架下,审判要发挥波及未来、对多数人具有一般影响的公共的法创造与政策形成功能,如何应对个别性和一般性、过去志向性和未来志向性、私的目的和公共目的之间的矛盾对立难题就变得尖锐化。这一难题的应对同如何推翻上述法律家间的支配性逻辑也具有内在关联,是确定审判在现代社会正当作用发挥方式时无法回避的课题。⑧

在考察现代审判作用时,重要的是对于以上简单描述的、事实上可以看到的诉讼功能扩大,审判正统功能的界限在什么地方,在审判中应当以什么方式考虑什么功能呢。本章将根据上述争点整理,首先探讨判例的法创造这种讨论最多的问题,然后再看近来关注度很高的诉讼程序过程的功能问题,在此基础上触及诉讼在新型权利生成中的作用的同时,就政策形成功能整体上作些稍微具体考察。

---

⑧ 就这个难题的具体内容,参见田中成明:《审判的法形成》,前注①,第51—54 页。在涉及现代型诉讼上观点差异相当大,参见奈良次郎:《判决效近来的理论与实务》,载《新实务民事诉讼法讲座》(2),日本评论社 1981 年;井上治典:《纠纷解决过程中审判的作用》,载氏著:《民事程序论》,有斐阁 1993 年。这两篇文章依据聚焦于这一难题的传统逻辑提出了消极的观点,作为批判性探讨的对象而受到关注。参见田中成明:《权利的生成与审判的作用》,前注①。

▶ 02
判例的法创造及其正统性

（一）判例的实务及理论动向

在我国这样的成文法国家，无论如何看待判例的法源性及其拘束力的性质，一般也都认可判例在制定法的解释和欠缺补充等继续形成中发挥着实务上不容忽视的重要作用，确立的判例形成着一种不成文法的判例法。⑨ 现在，实际情况是几乎在所有的法领域没有判例就不可能讨论法。

如本章开头提及的那样，我国法院总体上对于与议会和政府对立、独自进行法创造过度消极。但是，它在民商法等所谓的"法曹法"领域，虽然很多时候相对不明显、让人觉得有些

---

⑨ 不过，在中野次雄主编的《判例及其阅读方法》（有斐阁1986年）第27页，他一方面认为判例并不是法，另一方面在也承认判例法生成的场合还遗留有如何区分不是法的判例和判例法或者说是否有区分的意义等理论问题。也可参见高桥一修：《先例拘束性和宪法判例的变更》，载芦部信喜编：《讲座宪法诉讼》（第3卷），前注〔2〕，第148—150页。

迟缓，但却一直在适应社会变化恰当地进行着法创造。在这些领域，它明确了诚实信用、权利滥用及正当事由等这些一般条款的具体审判标准，创造了让渡担保、同居保护及法人人格否定法理等制度，扩大并充实了公害案件中被害人事后救济的不法行为理论等，发挥着应当予以正确评价的积极的法创造作用。

在民事程序法领域，实质上可以认为由最高法院通过行使规则制定权（《宪法》第 77 条）运用判例创造的法理和原则也很多。在 1974 年 4 月认为众议院议员定额人数分配规定违宪的大法庭判决中，最高法院援引《行政诉讼法》第 31 条规定的情势判决法理认定选举无效就属于典型例，虽然对它的评价上有分歧，但还是作为权利"救济"上积极的法创造受到了关注。[10]

对于这些实务上发挥重要作用的判例，比起判例的法源性及其拘束力性质等这些前一节介绍的观点对立中所反映的理论问题，法律家最近更关心的是在能够理解实定法具体内容基础上，依据判例现实发挥的不容忽视的作用如何进行判例整理、分析及预测等实用性问题上。

---

[10] 关于在程序法或者救济法领域积极进行法创造的正统性，我觉得可以认为相当广泛的范围内意见是一致的。参见田中英夫：《判例的法形成》，载《法学协会杂志》第 94 卷（1977 年），第 784—786 页；中野次雄主编：《判例及其阅读方法》，前注①，第 19—82 页；佐藤幸治：《现代国家与司法权》，有斐阁 1988 年，第 257—297 页。

第四章
现代型诉讼与政策形成

但是,以 1986 年宪法学者樋口阳一从唯一性观点追问判例拘束力的论文发表[11],以及原法官中野次雄在现任法官的协助下出版的,最早对我国判例进行总结的著作《判例及其阅读方法》[12]为契机,才逐渐看到围绕判例理论争点展开的富有意义的讨论。[13]

如在其他地方叙述的那样[14],我自身理解的法源是可以作为审判权威正当化理由予以认可的一般法命题,即使是判例,只要它是不与以宪法为顶点的实定法规范整体相矛盾的、作为具体案件解决前提表明必要且充分范围的一般法命题,那么基于作为法纠纷解决机构的法院的固有司法权限,承认判例作为妥当的补充法源具有所谓法律上的拘束力也是实定法体系内在的正义要求。不过,说是法律上的拘束力并不意味着判例作为补充法源与具有制订法同等强度的拘束力,如经常所指出的那样,在判例上可能有必要承认"强判例(拘束力)""弱判例(拘束力)"的程度差异。[15] 为了表示判例的这种

---

[11] 樋口阳一:《判例的拘束力·考》,载《佐藤先生古稀纪念·日本国宪法的理论》,有斐阁 1986 年,第 675—700 页。

[12] 中野次雄主编:《判例及其阅读方法》,前注⑨。

[13] 对此进行的简要整理与探讨,参见高桥一修:《先例拘束性与宪法判例的变更》,前注⑨,第 159—160 页。

[14] 我感觉也有若干地方有必要修正,参见田中成明:《审判的法形成》,前注①,第 63—71 页。

[15] 不管是把判例拘束力理解为法律上的效力还是事实上的效力,通常都是承认判例拘束力的。

拘束力性质,"法律上"抑或"事实上"的二分法区分非常不恰当,理解为制度拘束力就足够了。

对于这样的理解,樋口和中野等都坚持认为判例的拘束力是事实上的效力,这里更令人感兴趣的是樋口的观点。

樋口的观点是在批判如下佐藤幸治的建议时提出的。佐藤关心最高法院"是不是在'事实上的拘束力'这一不清晰的观念之下……过于让抽象的理论提示优先于每个案件所具有个性和特殊性考量",认为有必要"正视判例也构成'法源'""自觉采取措施抑制它的恣意流动问题"。⑯

樋口认为问题是我国最高法院"虽然经常强调自我克制与谦抑,但就算这样也从来没有怀疑过个别案件决定的判决在作为'判例'时所具有的强大作用","它一方面强调最高法院判例对下级审的'判例性',另一方面却又看不到先行判例对它自身拘束性的问题意识"。如佐藤提议所言,通过从正面赋予判例以"判例"的地位,最上级法院自身就会意识到自己的先例,既深化了对缓和先例拘束的技术讨论,也大体上认可了"期待下级审提供有用理论,摆脱上级审缺乏说服力判断的拘束"。但是对于抑制判例恣意流动的课题,考虑到最高法院强力的司法行政权下最高法院判例对下级审发挥强度拘束作

---

⑯ 参见佐藤幸治:《宪法诉讼与司法权》,日本评论社 1984 年,第 50—54 页、第 262—294 页。

第四章
现代型诉讼与政策形成

用的现状,不能说这样的期待是适合目的的手段,所以他认为,"还是应当继续选择特别强调判例拘束力终究是'事实上'效力的定式"。⑰

他们二人建议共同关心的问题是最高法院判例的过度统制及下级法院对它不加批判的追随,这也是我所关心的问题。对于审判在我国充分发挥法创造作用而言,改善这种实务现状是不可欠缺的前提条件。⑱

但是,这种现状与认为判例拘束力不过是事实上效力的观点之间有什么样的关联,这一点未必清晰。而且,只是因为将判例的拘束力看作法律上的效力还是看作事实上的效力,也不能认为就与改善现状存在着制度、逻辑或者心理上的联系。在比较樋口的战略性思考和佐藤的原理性思考时,虽然作为宪法学解释的方法很有意义,但就判例拘束力的理论思考方式本身还是赞同佐藤的观点。

但是,佐藤对于最高法院"没有必要提示一般性、抽象性理论"的批判,涉及有关可以认为判决哪一部分具有判例先例拘束力的原理问题。

在我国,也是遵从英美的判例理论,把具有先例拘束力的

---

⑰ 樋口阳一:《判例的拘束力·考》,前注⑪,尤其第 678—679 页、第 699—700 页。

⑱ 具体请参见田中成明:《司法的政策形成与最高法院的作用》,前注①,第 18—30 页。

部分限定在对具体案件解决必要且充分的范围内表示法问题判断一般命题的判决理由（ratio decidendi）部分，法官与案件解决没有直接关联的一般说明性旁论（obiter dicta）没有这种拘束力。但是，我国审判实务在抽象理论层面理解判例的倾向比起英美更强，尤其是最高法院的判例，也许是因为有意识地要通过法的统一确定指导下级法院审理，所以即使以"再者""括号内注""顺便"的形式表明一般性法律观点的旁论，很多情况下也在发挥着先例的功能。

对于这种现状的评价和应然方向在观点上存在着分歧。从司法权限和判例法创造的正统性根据等而言，对于这样展开一般法律论及其判例的功能，不容否认确实存在着问题。不过，也不能忽视这样的法律论和意见表示不仅有利于判例的统一和预测，而且尤其对于宪法诉讼等还具有与将来效判决等宪法确认诉讼相近的作用，以及促进议会或政府自律地采取矫正措施、活跃学说和舆论等事实效果。[19] 虽然有佐藤和

---

[19] 如下一些经常被列举的例子：(1) 朝日诉讼最高法院判决（1989年）。该判决以括号内注出"为了注意"的形式，表达了《宪法》第25条的生存权是程序性规定说的观点。(2) 长沼诉讼控诉审判决（1976年）。该判决以"附加意见"形式认为根据统治行为的法理应当回避对自卫队宪法适合性的判断。(3) 东京地方1981年一判决。该判决虽然认为当时《国籍法》第2条父系优先主义的规定合宪，但陈述了"好不容易能够回避认为它显然不合理区别的指责"这一严厉的观点。(4) 东京高等法院1982年一判决。该判决虽然驳回台湾人（原日本军士兵）等对国家的补偿请求，但以附言的形式指出"比起大致同样境况的日本人显然遭受了很大的不利……期待国家政府的参与者尽早消除这种不利益，以努力提高国际信用"等。关于这些判决的意义，容后探讨。

樋口等人担心的弊端,而且司法消极主义发挥的弥补作用也是问题,但只要恰当地利用它作为一种司法能力界限范围内"间接控制"手段的效用,是不是不应当一概地进行批判呢。[20]

此外,与这一问题相关,除了判决结论的一般性命题之外,实务上更重要的争点还有为判决提供理由所运用的一般法律争点能否成为判例的问题。虽然看起来最高法院也把这种赋予理由的法律论点作为判例,但在实务家之间对此意见分歧也很大。[21]

(二)判例的法创造的正统性

1. 尽管判例在审判实务中现实地发挥着重要作用,但是在制度论的规范性讨论中,就应当促进扩大还是抑制运用判例的法创造功能,观点上却存在着相当复杂而且微妙的分歧。总体来看,在实务家之间仍然是抑制论立场处于支配地位。

这种抑制论立场虽然在各个层面提出了各种各样的论

---

[20] 颇有意义指出这一点的文献,参见奥平康弘:《司法审查的日本特殊性》,载东京大学社会科学研究所编:《现代社会(5)·构造》,东京大学出版社1991年,第424—456页。

[21] 具体请参见中野次雄主编:《判例及其阅读方法》,前注⑨,尤其第39—67页。

据，但很多情况下直接运用的是前文所提及的对比模式讨论方法。这些对比模式确实对判例法创造的存在方式施加了种种重要的制度制约，这一点很难否认。但是，非常令人怀疑由此是否就能完全否定判例的法创造的正统性，而且我甚至觉得这些模式的理解方法本身也有问题。

首先，关于先例拘束性的基本惯例，目前一般认为大陆法系和英美法系之间没有原则性差异，只是重视判例的程度不同而已，"因为是成文法主义所以判例不是法源"的论点正在逐渐丧失正当性。"法律上"和"事实上"的对比也是如此，虽然这种区别本身对确保法世界的自立性不可缺少，但是它的边界不是实体法规定所能穷尽的，而是随着社会政治和人们的意识不断变化的，具有历史性和相对性的特点。所以，"不过是事实上的效力或效果，没有必要作为法律学问题讨论"这种法律家经常使用的论证是一种同义反复的逻辑（tautology），仅仅凭借这一点不会成为任何实质性论据。

其次，现行审判制度的框架是在纠纷解决的功能目标下形成的，在灵活地用于法创造与政策形成时会有一定难以超越的界限，这本身也是不证自明的道理。

审判的固有功能是在保障公正参加当事人主义程序的基础上，正确地认定事实、准确地适用法律，依据实定法解决当事人间围绕权利义务的具体纠纷。所以，以不能恰当发挥这些功能、损害审判特性的方式去发挥法创造与政策形成功能在制度上是不允许的。

但是,在法院通常被赋予司法审查权、授权进行行政审判的现行审判制度下,终究不能说法创造与政策形成功能完全在审判的正统权限范围之外,在法创造与政策形成功能中应当还有很多相容于现行审判制度框架的内容。

法律家总是不折不扣地接受严格区分法与政治之类的司法非政治、具有中立性的法治思想体系,两者选择其一地比较审判的纠纷解决和政策形成功能,以前者为审判的正统功能、后者为非正统功能的二分法的模式去把握,往往会对政策形成功能抱有不适感和抗拒感。[22] 但是,在现代政治社会的动态中,纠纷解决过程和政策形成过程相互存在着大幅度的重合;审判的政策形成功能也有很多可以作为纠纷解决功能变形或者扩大来理解的侧面。应当说,这两种功能的区别终究是相对的、流动的。

即使对于由判例进行法创造的正统性而言,摆脱僵硬的思想体系束缚,灵活而现实地探讨法院在其制度框架内恰当地发挥适用法解决纠纷的固有功能,同时以与固有功能不相

---

[22] 详细探讨请参见田中成明:《围绕审判的法与政治》,前注①,第 136—156 页。此外,还可参见井上治典《纠纷过程中审判的作用》(前注⑧,第 211—212 页)一文对于奈良次郎《审判效近来的理论与实务》(前注⑧)的评论。

矛盾并且对之具有促进作用的形式可以附随或者应当发挥的法创造与政策形成功能是什么㉓，这也是可能而且必要的。

最后，权力分立制和民主制也是经常被列举的、对审判的政策形成采取否定或者消极态度的正当理由。权力分立制和民主制确实为审判的法创造与政策形成的方式增添了决定性的制度制约，这一点毫无疑问。但是，不能忽略的是，在现代的政治构造下权力分立制和民主制本身于一定场合下也需要通过审判的法创造或者政策形成来弥补或者矫正它们的运行状况。

法院结合每个具体案件汲取社会各阶层的正义或衡平感一定范围内直接进行或者间接促进法创造性地继续形成，是正当发挥审判固有的适用法解决纠纷功能所不可欠缺的固有权限，也是保证立法、行政和司法机关以相互抑制—均衡关系公正运转所必要的条件。而且，立宪民主制下也期待法院发挥监护作用，希望它能够尽力结合每个案件准确地吸收尤其少数人或弱者的权利主张及其他要求和意见，以使这些要求和意见能够有效地反映到政策形成过程中并得到公

㉓ 从吉村德重《诉讼功能与程序保障》（载《民事诉讼杂志》第 27 号）一文中可以得到启示的"现代型诉讼的多层次理解"也大致可以理解为同一趣旨。参见本书第二章注㉓。

正考虑。㉔

当然,同美国的公共诉讼和制度改革诉讼相比,我国法院要积极地进行法创造或政策形成难以否认地会存在着各种各样的困难。

例如,就司法审查权而言,美国严格的权力分立制、联邦制、两大政党之间频繁的政权转移、法曹一元制等被认为是可以积极行使这一权力的重要原因。与之相对,在我国议院内阁制、长期持续的保守政权、职业法官制等是法院积极行使这种权力的主要障碍。

就现代型诉讼而言,我国法院没有英美法那样建立于衡平法之上的灵活救济权限,司法和行政制度的基本框架也是大陆法系的。尤其在行政诉讼等诉讼中,这些制度要因使原本应由立法与行政层面解决才恰当的纠纷和要求在进入法院后一定程度上很难进行独立的司法救济;而且,整体对立法和行政现状的不满和不信任产生了对审判的过高期待,事实上反过来也易于让法院采取特别保守的态度。

但是,这些情况是不是就是我国法院目前采取过度消极主义态度的正当理由呢?尽管法院采取这种态度,但是它还是应当正视现实,请求法院通过积极的法创造或者政策形成

㉔ 具体请参见田中成明:《围绕审判法与政治》,前注①,第 180—212 页;田中成明:《审判的正统性》,载《讲座民事诉讼》(1),弘文堂 1984 年。

进行人权保护或者权利救济的现代型诉讼的陆续提起，不仅判决内容而且诉讼程序过程展开本身都会对立法、行政、社会舆论及社会运动产生各种各样影响。基于这些现实，为了确立并维持我国政策形成过程整体公正运转和良好的反馈关系，强烈要求法院从广阔的视野灵活地看清发挥什么样的法创造与政策形成功能是恰当的。

2. 正如前文判例法源性中所述，我觉得判例的法创造功能只要不与以宪法为顶点的实定法规范整体相矛盾，对于构成审判直接对象的具体事件的解决是必要的而且在充分的范围内，那么它对于审判正当发挥固有的适用法解决纠纷功能、让法的纠纷解决体系公正且实效运行就是不可或缺的，应当承认它在制度上的正统性。

即使原则上应当承认判例的法创造正统性，判例在审判实务中具有什么程度的拘束力、是否能获得法律家集团和社会一般民众的认可，或者说在政策形成过程中是否具有难以对抗的独特力量去抑制"数量""力量""利益"逻辑、推动议会和政府等这些问题基本上也都与判决内容中"事实的分量"和"推论的说服力"有关。所以，要使判决内容由这种事实和逻辑来提供坚实基础，无论对事实问题还是法律问题，公正程序保障下当事人辩论的活性化、结合正确认定的具体事实明确地确定当事人间权利义务关系都是不可缺少的。判例的法创造唯有以此为基础立足于审判固有功能的延长线上才能恰当运行。

对确保判例的法创造正统性而言,重要的不只是法官在判决中考虑它作为判例的先例拘束力,还要给予将它作为法庭辩论争点由双方当事人充分辩论的公正程序保障。如果从重视保障双方当事人相互主体地参加公正程序过程的机会这一观点来看,将由审判进行法创造的产物判例称为"法官法"(judge-made-law,Richerrecht)有没有赋予审判的法创造这一侧面以正当地位的嫌疑,是不恰当的。是否能恰当地因应社会变化形成内容上关系人能够充分接受的判例,不仅与法官的态度和力量有关,很多时候也取决于诉讼当事人和律师的才能。

不过,在实务家之间也可以看到像奈良次郎这样,认为判例的法创造功能是判决的间接效或者波及效,它不是判决内在的制度效力,不过是事实上的效力,所以连法官也考虑这种效力进行审理或者判断是超出司法制度固有范畴的消极观点。㉕ 但是,现实的审判实务无论如何也不能认为是依循这样的观点运行的,尤其在最高法院等的法律审中,历来显然是在考虑判例的法创造功能的情况下作出判决的。尤其在以公共

㉕ 参见奈良次郎:《判决效近来的理论与实务》,前注⑧,第 293—303 页。

性为争点的现代型诉讼中,像1980年9月名古屋新干线诉讼第一审判决那样,判决间接效或波及效考量左右判决内容、决定性地影响当事人之间权利义务关系确定的案件很多。如果这样,就应当保障双方当事人在法庭上以恰当方式对这种效力也能展开攻防的机会,这在现行诉讼程序的框架内还是完全可能的。

　　这样的提议也没有必要进行法制度改革,它不过是大部分法官在重要的诉讼案件审理或者判断时事实上以某种方式一直考虑的判决功能或者说效果,是否可以作为审判中双方当事人和法官之间相互协同活动的共同课题之一,在法理论上稍微赋予一些积极的地位而已。

　　说到以上述方式考虑判例的法创造功能,是否有必要总是摆出一种态度,"唯恐这会招致虽不至于全面但相对程度地赋予司法对立法或行政——尤其是行政——的一般监督功能之嫌,总觉得把它作为司法机关的存在方式很可能会引起其他相当复杂的问题"[26],我对此深表疑问。即使司法机关一般来说应当采取消极主义态度,对立法和行政表示出相应的"谦让和敬意",但是在通常法院被赋予司法审查权和授权进行行政审判的现行司法制度下,司法对立法和行政、尤其是对行政的

---

[26]　参见奈良次郎:《判决效近来的理论与实务》,前注⑧,第301页。

第四章
现代型诉讼与政策形成

监督功能如此地自我抑制是否恰当呢。[27]

如奈良所言,我国法院被评价为"追随政治与行政"的消极主义态度原本就不是没有意识到判决的间接或者波及效果、一味忠实地贯彻个别纠纷解决功能的结果,而是因为过于在意不仅判例的法创造而且包括事实影响的政策形成功能。这一状况对人权保护和权利救济发挥不利作用的情形处于压倒性多数。

如果法院过于担心卷入立法和行政之间的对立,像现在这样继续采取过度自我抑制的消极态度,远比超出正常范围积极进行法创造还会损害对法院作为司法机关的信赖,民众对法院的期待也早晚会转变为不信任和幻灭。目前这种迹象从 80 年代后半期以后就已经开始出现。随着三权互相制约与平衡关系中对法官发挥独自作用信赖度的下降,结果不仅社会一般民众,甚至连议会和政府对它的法决定也不再给予相应的尊重和考虑,由此很有会可能毁掉法的支配和司法独立的根基。

---

[27] 另外,井上的消极观点虽然与奈良的观点存在着重合,但还是稍微有所差异的。参见井上治典:《纠纷解决过程中审判的作用》,前注⑧。我对于井上观点的批判,参见田中成明:《权利的生成与审判的作用》,前①,第 410—415 页,也可参照本书第二章第二节。

▶ 03
诉讼程序过程的功能

（一）审判的正统性与程序保障

诉讼的功能不只见于作为最终产物的判决，还见于判决之前的程序展开过程，并且当事人主义下的判决形成和程序进行不仅期待法官而且还期待双方当事人的主体性参与。所以，确保审判的正统性也与程序过程的公正性与合理性，亦即是否平等地保障了双方当事人以与对方平等的立场主体性地参加程序过程，是否充分发挥了当事人间相互主体的自律性法庭辩论的作用有很大关系。

在以往的审判正统论讨论中，就司法审判制度结构的三个层面单纯地割裂法适用的规范层面，以运用审判进行法创造的制度正统性或者作为法适用结果的判决在内容上的正当性为问题的情况居多。但是在现代，如前节所述，可以认为只要由判决确立的法规范不与以宪法为顶点的实定法规范整体在基本原理或者价值上发生冲突,而且在该具体案件解决的必要、充分范围内,原则上就承认它在规范层面的正统性,正统性界限讨论的焦点正在向有关对象层面和程序层面的规制原理转移。㉘

审判对象限定与审判正统性之间的关联作为重要争点浮现出来的直接契机是宪法诉讼中就事件或争讼性的要件、立法事实的讨论。但是,在不限于宪法诉讼的、出现审判法创造与政策形成问题的诉讼中,围绕以什么方式提出有关审判直接对象具体个别争点的政治或社会经济一般政策问题、应当如何收集或判断与之相关的情报、应当使什么范围内的潜在利害关系人的要求和意见以什么方式反映到诉讼过程等,审判对象扩大的正统性及其界限成了重要问题。但是,即使就这些问题,结果也是与逐渐认识到当事人主义程序的决定性制约、民事审判中强调保障当事人参加程序过程的独特价值及其正统化功能保障论新潮流的合流、现代主义程序论中重视程序正义趋势增强等相呼应,在审判正统性考察时逐渐接近程序面的重要性。

在最近民事诉讼程序保障理论的惊人发展中,就程序保障的功能和意义,借用谷口安平的话来讲,比起"发现真实功

㉘ 具体内容请参见田中成明:《审判的正统性》,前注㉔,尤其是第99—107页。

能""保护权利功能"的工具功能,逐渐更加重视起穷尽程序保障能够获得审判正统性的"确保正统性功能"。而且,随着井上正三提出所谓的"结果志向型"向"程序志向型"的转移,也逐渐认可诉讼当事人主义程序过程展开本身具有独立于它能够得到的判决内容的固有内在价值。因此,随着这些程序保障论的展开,审判正统性的根据也不再限于判决内容的正统性,而是向着还包括保障参加公正程序的方向扩大或者转移;在程序保障的理解上,也不再是各个当事人与法官的垂直关系,而是逐渐认为应当以当事人相互间的水平关系为中心来把握。[29]

作为原理性的思考方式,在考察现代审判正统性及其界限时,应当将当事人主义诉讼程序置于形成其制度结构核心的地位。审判的正统性终究还是应当理解为是由一些具有内在关联的审判动态侧面提供基础,亦即原则上平等保障各个能够恰当代表某一诉讼中利害关系对立的双方当事人,在举出有利于自己的证据进行主张或立证的同时以与对方对等的立场主体地参加法庭上法的辩论的机会,并且充分运用法官监护下双方当事人之间的自律性法庭辩论;作为其结果所获得的判决在性质上也不是法官基于自身权限单方面作出的裁

---

[29] 参见《讨论会:诉讼功能与程序保障》,载《民事诉讼杂志》第 27 号(1981)。

第四章
现代型诉讼与政策形成

决,而是在这种程序保障下请求法的正确解决、双方当事人和法官之间展开相互作用的协同活动的产物。

并且,就审判制度结构的三个层面,应当注意它们以保障参加当事人主义程序为中心的相互有机关联,整体上具有为审判程序过程及作为其结果的判决提供正统性基础的立体构造。如果这三个侧面中有一个侧面或多或少不能满足规制原理的要求,但只要其他侧面能够予以补足,整体上弹性地考虑确保审判正统性就是可能的。例如,在现代型诉讼中,尤其是不得不在规范或者对象层面一定程度缓和传统规制原理要求的场合众多。在这种场合下,如果以某种方式缓和规范或者对象层面的要求,是否会使当事人主义参加程序的保障空洞化,是否会损害其意义或者目标,是否可以通过扩充或者强化程序保障弥补这一缓和所带来的不利益和风险;等等,由这些观点出发就是明确审判进行正统法创造或政策形成方式和界限所要采取的路径。

不过,对于民事审判程序保障最近的理论发展,虽然与本书将法体系与审判程序理解为对话合理性标准法"制度化"的基本立场在观点上有诸多相通之处,但是在重要点上仍有不少难以苟同之处。将事实和权利简单地视为是客观给定的,认为辩论主义等当事人主义不过是达到它们的手段是题外话。但是,不能忽视的是,无论对法规范具体含义内容的确定抑或对事实的认定,在尽可能避免内容错误、促进对附有更令人信服理由判决的追求的最恰当方法意义上,当事人主义的程序保障还是具有动态发展地理解为发现真实与权利保护的目的实现手段性质。因此,像近来井上治典等人"第三波"理论那样将程序保障自我目的化、内容正当性问题完全转化为程序充足问题的看法,可能就有些过头了。程序保障的判决正统化功能还是不应当排除程序保障通过辩论的活性化、促进内容上追求更正确判决的功能,其正统化功能的作用条件和界限也应当有机地联系这种功能去统合地确定。㉚

(二)程序过程的特有功能

诉讼程序过程虽然如上所述在确保审判正统性上具有非常重要的地位,但是诉讼程序过程的功能在理论上包含着若干应当予以区别的相互重合侧面,这一功能相当复杂,有必要慎重地探讨。

首先,关键是正确理解程序过程的功能不是仅在有关上述恰当判决形成及确保其正统性的结果上才成为问题,它还

㉚ 在这一问题上我对于井上等人观点的批判,请参见本书第二章第二节。

第四章
现代型诉讼与政策形成

独立地发挥着与判决内容无关或者说没有达至判决的重要作用。[31]

对于成为现代型诉讼对象的纠纷,即使当事人之间希望自主解决,也会存在着权利主张等要求内容扩散、难以特定交涉相对方的情形;而且,即使特定了相对方,也会有诸多案件由于力量关系不均衡甚至不能确保直接交涉场所,更别说让对方自觉承认要求等非常困难的情形。在这些场合,通过提起诉讼把拒绝交涉的相对方引到公开的法庭上,可以确保交涉的机会与场所。而且,也结合必要情况下法院合理进行的诉讼指挥,如果能够顺利推进当事人之间基于共同法规范的辩论,那么就可以推进理性讨论的相互说服、促进诉讼内外当事人间的自主纠纷解决活动,很多情况下形成不了判决也能通过诉讼上的和解、诉讼外的和解等判决以外的方式获得解决。

在广受关注的、因同一药物受害而在全国各地陆续提起请求救济的大规模现代型集团诉讼 SMON 诉讼中,虽然作出几个原告胜诉的判决意义也很大,但整体来看它是诉讼程序展开过程中关系人间自主解决纠纷活动发挥重要作用的典型

---

[31] 田中成明:《权利生成与审判的作用》,前注①,第 415—418 页;田中成明:《程序正义的一考察》,载《法的理论》(6)(1985 年),第 49—62 页。

事例。㉜而且,就民事诉讼案件整体而言,相当多的案件也没有走到判决,而是以成立诉讼上的和解或者裁判外和解而后撤销诉讼的形式中途终结的。此外,在国家、自治体为相对方的国家赔偿等现代政策形成诉讼中,最近以和解方式结束的情况也很突出;与以前内部经常存在的"判决派"与"和解派"之间尖锐对立的诉讼策略相比,情况已经发生相当大的变化。

　　从最近这些诉讼的实际情况来看,要正确定位诉讼提起和法庭辩论等在当事人之间自主形成合意过程中发挥的作用,将上述程序过程特有功能也理解为审判功能是必不可少的前提。

　　其次,在思考审判程序过程的功能的正统性时,重要的是区分上述与个别纠纷解决有关的功能和接下来要论述的与第三人和社会一般民众有关的功能(表2 诉讼功能领域的Ⅱ和Ⅳ领域)。

　　这些功能都是在现代型诉讼功能扩大的过程中逐渐引起关注的,现实中虽然相互重合,但在理论上却是性质差异甚大。后者有关第三人和社会一般民众的功能是基于政治学、社会学的关心开始论述的;与之不同,前者有关当事人间个别纠纷解决的功能最初是作为民事诉讼理论中程序保障最新发

㉜　详细内容请参见淡路刚久:《SMON 诉讼与法》,有斐阁 1981 年。

展的一环,尤其是由第三波理论作为法律学内在问题提出的。特别是井上治典,很早就强调审判程序过程展开具有不同于判决的独立功能不只是现代型纠纷类型的特征,它在固有型纠纷上也是存在的,只是程度差异而已;即使诉讼以撤诉或者和解终结的场合,也应当注意已经进行的程序对当事人之间个别解决纠纷具有的特有意义或者效果。㉝

在正确理解审判程序过程的这些特有功能之后,也就如井上所强调的那样,才有可能将法庭上双方当事人之间自律的相互主体辩论活动同审判外当事人之间自主解决纠纷活动连续地把握或理解,将它定位于后者的延长线上。也就是说,不把审判外自主纠纷解决和法官作出判决理解为一者是私的、另一者是公的立场不同的活动;而是可以作为以双方当事人自律的相互主体活动为基轴展开的一系列程序过程,发展地理解为一种渐次过渡关系。这种审判功能观点在利用审判的人们之间渗透并固定下来,对于动态把握法体系整体、确立相互主体立场方面也具有非常重要的意义。

在第三波理论学派的提议中,还包含着优于或者劣于审判政策形成功能等功能扩大推进论的激进内容,它虽然也受

㉝ 参见井上治典:《多数当事人诉讼论的课题与展望》,载《法律家》第731号(1981年);井上治典:《程序保障的第三波》,载氏著:《民事程序论》,前注⑧。

到了各种各样观点的强烈批判㉞，但可以认为只要是有关应当将审判程序展开过程对当事人间个别纠纷解决具有的上述独特功能定位于审判正统作用的观点，就能获得广泛支持。审判程序过程的这些功能虽因涉及现代型诉讼而逐渐受到关注，但是在理论上，即使在审判发挥传统纠纷解决功能的场合，它也可以不与之矛盾或者对立地发挥作用。这样反倒应当将它理解为审判历来一直具有的内在功能，只是以判决的规范功能为中心去讨论审判的纠纷解决功能本身是存在问题的。

因此，在审判程序过程特有的功能中，像上述与当事人间个别解决纠纷相关的方面，应当将保障对等而且相互主体地参加公正程序的机会定位于《宪法》第 32 条保障的"接受审判权利"的核心，即使在裁判的审理中也应予以充分考虑。㉟ 而且，如随后所述，即使在诉的利益有无的判断中，也不要只是考虑与最终判决内容有关的功能，还应当考虑这一程序过程展开本身所具有的功能，尤其在行政诉讼中向开放审判门户的方向再稍微发展一些是必要的。

㉞ 对我本人观点的批判性检讨，参见本书第二章第二节。

㉟ 关于基本思考方法，目前可以参见田中成明：《现代日本法的结构（增补版）》，前注①，第 188—189 页；田中成明：《法的思考是什么》，有斐阁 1989 年，第 200—204 页。

04

诉讼的政策形成功能

（一）诉讼的多重影响与法律学的视角

1. 在现代型诉讼上能够看到的功能扩大中，如以上两节所述，运用判例进行法创造的规范功能、程序展开过程的当事人间个别纠纷解决功能都是司法机关的固有内在权限，制度上也是正统作用。对此，以最终被推翻的下级审判决为代表，诉讼提起、公开法庭上的辩论等审判的一系列程序过程展开本身在事实上对立法、行政、社会舆论及社会运动等公共政策形成过程整体上都会有间接影响，这些影响虽然在现实中与前述功能相互重合、难以区分，但理论上都是应当予以另行论述的功能。

对于理论上应当如何定位、实务上应当如何对待审判的这些间接影响，观点分歧一直很大。但是无论如何考虑，在法官对亲自出马承认新型权利等政策形成总体上态度消极而且

现代社会与审判
民事诉讼的地位和作用

下级法院众多积极判决被上级审推翻的实务状况下,审判的这种影响仍然在新型权利法制度化、具体实现政策要求等方面以各种各样形式发挥着重要作用,作为现代型诉讼所具有的现实功能显然不能无视的。

现代型诉讼很多时候还会引起社会广泛关注、成为媒体报道的对象,所以无论只是提起诉讼展开法庭辩论还是没有获得胜诉判决以败诉终结,它都具有提出问题、公开情报与明确争点等效果,既能引发要求采取新的立法或行政措施的社会舆论和社会活动,也会对议会、政府和地方自治体等的政策形成产生各种影响。

审判的间接影响多种多样,下面介绍若干具有代表例的类型。㊱

(1) 法院积极应对给立法和行政层面政策形成过程带来影响的案件中,众所周知的如四大公害诉讼,它与《公害健康受害补偿法》和《公害对策基本法》的制定、许多地方自治体公害防止条例的制定等相呼应,对企业、国家及地方自治体积极

㊱ 就下述提及的大部分诉讼虽然省略了逐一详细叙述,但是公开发表的有重视审判间接影响的运动记录和研究书等,就各个诉讼的具体情况请参考这些文献。此外,就宪法诉讼而言,作为概括性研究有小林武:《宪法诉讼与立法权关系若干问题研究》,载《南山法学》第 9 卷 3 号(1986 年);户松秀典:《司法的政策形成功能》,载芦部信喜主编:《讲座宪法诉讼》(第 3 卷)(前注②);大林文敏:《宪法判断的影响论》(前注②)。

采取措施应对公害问题产生了巨大影响。更具体的事例如，与 SMON 诉讼的解决密切相关，《医药品副作用受害救济基金法》《药事法》两部涉及药事的法律相继修改并于 1979 年通过。

众议院议员数量定额校正诉讼案也是数次提起，虽然过程相当曲折，但是 1985 年最高法院在违宪判决中同 1976 年的判决一样援引了事情判决的法理，增加了五名法官的"如果不采取校正措施、按现行分配规定继续进行选举也可能会无效"的补充意见，受该判决影响，1986 年进行了所谓的"八增七减"的改革，最大差别调整为 2.99 倍。这一事例可以认为符合该类型。

（2）但是，上述类型的事例非常少，绝大多数是法院与立法或行政之间应对存在分歧的事例。其中令人关注的还是最终被推翻的下级审判决的影响。

例如，至今唯一的自卫队违宪判决是札幌地方法院长沼对空导弹基地诉讼判决（1973 年），它最终虽然为最高法院以自扫门前雪式判决所推翻，但一方面至少给一直努力强化自卫队的政府执政党以不小打击、增强了裁判偏向批判的倾向，另一方面也激活了要求拒绝地方自治体的自卫官募集事务和撤销基地等的居民运动、引发了对防卫的讨论等。

可以看到非常复杂相互作用的是生存权诉讼。在 1960

年的朝日诉讼中,东京地方法院以厚生大臣基于当时《生活保障法》所规定的保障标准没有保障《宪法》第 25 条最低限度生活为由,判决这一保障标准违宪。虽然最高法院在旁论中否定了该判决,但它还是引发了社会对福利政策的热烈讨论,促进了生活保障标准和内容的大幅度提高或者改善。之后,仍然有相当数量的主张违反《宪法》第 25 条和保障法律上平等的第 14 条的诉讼被提起,其中虽然也有牧野诉讼这种东京地方法院判决(1988 年)认为限制夫妇领取老年福利年金违反《宪法》第 14 条并导致国民年金法修改的事例,但几乎均以原告败诉而终结。颇有意思的是以禁止同时给付儿童抚养补助和障碍福利年金为问题的堀木诉讼。虽然 1972 年神户地方法院作出了违宪判决,《儿童福利补助法》也进行了修改,承认可以同时给付;但 1982 年最高法院又作出了合宪判决,这一事例反映出很多应对上的问题。

请求禁止晚上九点以后夜间飞行的大阪空港诉讼也属于这一类型。在该事例中,承认禁止晚上九点以后夜间飞行请求的大阪高等法院判决(1975 年)在最高法院虽然以司法介入行政为由被推翻,但之后还是通过行政指导取消了晚上九点以后的夜间飞行。

(3) 法院虽然一次也没有判决被告胜诉,但诉讼展开本身对政策形成过程产生间接影响,审判目标实质上得以相当

第四章
现代型诉讼与政策形成

程度实现的事例也不少。

例如,在所谓的职员税金诉讼中,对于不承认职员必要经费的实额扣除、职员和企业所有者之间所得税征收率巨大差异违反宪法第 14 条的主张,从京都地方法院(1974 年)到最高法院判决(1985 年)虽然一次也没有认可,但还是促进了大幅度提升收入所得扣除额的税制改制。在主张《国籍法》父系优先主义同样违反《宪法》第 14 条的诉讼中,第一审东京地方法院(1981 年)和控诉审东京高等法院判决虽然均认定合宪,但以该诉讼为契机现有规定存在问题的认识得以传播,由此促进了《国籍法》的修改,基于男女平等原则修改的《国籍法》于 1984 年成立。

这种影响效果最明显的是嫌烟权诉讼。在诉讼中,原告请求国家铁路把全部列车的半数设为禁烟车,并基于健康权受到侵害请求国家铁路、国家及烟草专卖公司赔偿损害。1987 年的东京地方法院判决一并驳回了原告的设置禁烟车辆请求和损害赔偿请求。该法院认为,尽管一般认为被动吸烟对健康的侵害可以作为人格权侵害来请求采取禁止或防止措施,但在列车内暴露于这种烟雾时现实危险极小,所以这种被动吸烟的受害并没有超出社会通常观念的容忍限度。原告方对该判决最终以容忍限度论驳回请求这一点上虽然表示批判,但还是认为它承认了被动吸烟的有害,是法上承认嫌烟权的划时代判决，所以诉讼目的已经达到，没有再提起控诉。虽然对于能否认为这一判决承认了法上的嫌烟权存在着争议，可是如果不限于判决本身，而是考虑诉讼的整体影响，不可否认它相当程度上是实现了诉讼目的。诉讼提起、法庭辩论及判决内容等经媒体大规模报道后，嫌烟权主张为社会所广泛了解就具有了参与社会共识形成的作用，仅在判决提起到判决作出这段时间内关于吸烟的通常观念已经发生很大变化。国家铁路在诉讼提起后，虽然也在法庭上提起了反论，但在判决作出之前已经开始采取新设或增设禁烟车辆、在车站或车辆设立禁烟时间等对策，并且这种强化管理的趋势在判决后也没有变化。不仅作为国铁，而且巴士等其他交通机构，乃至于地方自治体和企业等都相继采取了规制吸烟的措施。嫌烟权诉讼在推进公共场所的吸烟规制上产生了巨大的间接影响。

名古屋新干线诉讼中的禁止减速请求在性质上稍微有些不同，它虽然在第一审、控诉审中都没有获得支持，但还是促使山阳、上越及东北新干线改善了防噪音·震动的方案，所以它也是可以包含到这一类型的。

（4）除上述类型之外，有必要注意在讨论审判政策形成功能时容易忽略的，在现代型诉讼中还有不少事例原告败诉判决会广泛地产生超越诉讼、违背原告预期的影响。

第四章
现代型诉讼与政策形成

例如,津地镇祭祀诉讼就属于这类影响的典型例(1977年)。在该案件中,最高法院认为根据"目的、效果标准",地镇祭祀的宗教意义已经淡薄,属于"世俗仪式"。这一判决除了自然地对以后涉及政教分离原则的诉讼产生影响之外,1985年"内阁成员参拜靖国神社的座谈会报告"把该判例作为了中曾根首相等人公开参拜靖国神社的正当化根据。虽然不限于合宪判决,在一些自卫队违宪诉讼中法院也会以统治行为的法理等各种方法回避判断,但还是有观点经常指出这类判决具有事实上为政府或执政党的防卫政策提供"证明书"的效果。

此外,尤其在现代型诉讼中,以诉讼技术上的理由拒绝原告请求对国家、地方自治体的法律要求进行司法救济的情形很多。行政一方在法庭上虽然也主张区分法的责任与政治的或行政的责任,但是一旦作出了这样的判决,它就会原封不动地将它作为国家或地方自治体的政策予以正当化,容易采取"如果法上没有责任也就没有政治或行政的责任"的法治主义态度,这其中问题也很多。

以上尽管只是考察了若干代表性事例,但是明确了在现代型诉讼中不管原告的主张是否为法院所认可,都会以某种形式或多或少地对政策形成过程产生影响。虽然经常有人说法院发挥政策形成功能违反司法非政治、中立性原则,但是不能忽略并非只有悖于议会和政府政策的判决才具有"政治的"效果,追随它们的判决同样具有这一效果。

2. 以上这些现代型诉讼中可以看到的多种影响,是法院在发挥既有的适用法律解决纠纷功能时不管是否意识到其活动本身不可避免地会伴有的效果。而且难以否认的是,审判的这些间接效果在现实审判过程中同判例的法创造功能和当事人间个别的纠纷解决功能相互重合会产生加权效果。目前的实际情况是,在所有的现代型诉讼中,不仅当事人是在考虑这些影响下来推进诉讼,而且对法院而言,姑且不管它在判决等上面是否明确表达,也总是在有意识地无视或者排除这些影响下进行审理并形成判决。

在思考如何面对审判的这些影响时,尽管在审判的各种功能上可以看到上述错综复杂的关系,但首先关键还是要区分政治社会学的"外在视点"和法律学的"内在视点"。[37]

在就审判政策形成功能进行政治社会学分析时,不要采用将审判过程理解为非政治性、中立性的法过程的法治主义思想,应当把这一思想本身的政治功能也作为批判考察的对象,将法院定位于与议会和政府相并列的担当国家政治一翼

---

[37] 关于法体系或法实践的外在视点和内在视点问题,参见田中成明:《法的空间》,东京大学出版社 1993 年,第 5—9 页;田中成明:《法理学讲义》,前注④,第 14—19 页。

第四章
现代型诉讼与政策形成

的政治机构,按其存在状况去分析法院在政策形成过程中整体发挥的政治性作用㊳;应当根据本节开始时描述的审判的多种影响,进一步推进将审判过程理解为压力团体活动和政治参与一种形态的研究等。

就像与行政法的法律学方法相并列,行政在政治学领域确立了行政学的独立学术领域一样,审判是否也能确立一个独立于民事诉讼法与刑事诉讼法等法律学方法,可称之为审判政治学的领域呢?与美国政治学一般概论著作言必称法院,哪怕至少是最高法院相比,我国也许是因为法院的政治作用或者影响力小,几乎见不到选取法院、就法院进行政治过程分析的政治学概论著作和研究作品,这终究是问题。㊴ 我觉得即使在我国,逐渐能不限于宪法诉讼等最高法院裁判,广泛地对法院或者审判过程整体进行政治社会学研究,对于改变法院对现代型诉讼近乎于"拒绝反应"的过度消极主义态度来说,无论如何都是必要的。

㊳ 具体内容请参见田中成明:《围绕审判的法与政治》,前注①,尤其是第三章。

㊴ 例如,京极纯一生动分析了日本政治过程的动态,但他的著作完全没有提及法院(参见京极纯一:《日本的政治》,东京大学出版社 1983 年)。而且,作为我国政治学的标志性著作、以提出这一学术领域体系为目标的二十卷本现代政治学丛书也没有涉及法院和审判过程。在我看来,只是在由堀江湛所著的放送大学教材《现代政治生活》(日本放送出版协会,1987 年)中,以"作为公共政策形成一环的司法过程"一章的程度论及了该问题。

问题是审判政治学分析和法律学讨论之间的关系。在以审判政策形成功能的制度正统性为中心进行规范讨论时,由前述立足于外在视点的政治社会学研究方法和成果虽然也可以就审判所处的状况及它所立足的基础了解到很多,但是以什么方式将它们纳入法律学讨论的实践问题基本上还是应当具有取决于法独特的内在视点的性质。当然,这一区别和联系是相当微妙的,一定程度舍弃审判的间接事实效果后才能确立自立的、独有的法律学讨论领域,将审判多种影响全部考虑进来不仅不可能,而且很可能会导致法律学就审判进行讨论的自立存在基础的解体。

最近,法工具主义因为经常将不限于审判的法体系整体基本上理解为政治工具、轻视或者无视法独特价值和逻辑,这比较符合媒体报道的好人或者坏人思维、常识上也易于理解,所以得到了全面的支持,而重视法特有价值和逻辑的法治主义则呈现出一种处于守势的景象。在这种状况下,无论如何强调上述政治社会学外在视点和法律学内在视点之间的微妙区分和联系都不过分。我觉得正是在一般意义上逐渐认识到了审判具有难以忽视的间接影响,才没有不加批判地信奉法治主义或者反之只是将它作为思想对待,在很好理解深层次规定审判制度与审判实务的法治主义思想优点和缺点的基础上,进一步提高了强调区别以审判方式为中心的法律学讨论和政治社会学方法的必要性。

3. 在法律学讨论中,当事人和法官在诉讼提起、法庭辩论及判决正当化方面,以什么方式、何种程度考虑审判的多种影响在制度上可以认为是必要且正统的是中心争点。这一问题,更具体来说,经常是围绕尽管没有胜诉希望但主要以追求政治的或者社会的效果为目的提起的诉讼,相对于说服对方和法官更以向旁听席、媒体及社会舆论呼吁为目标的辩论,判决中法官陈述的未必能够得出具体结论的一般意见或感想等内容的是与非展开谈论。

在法官一方看来,将本来在立法或者行政过程中解决才恰当的要求拿到法院,在审判的公共场所向社会告发立法或行政的懈怠,要求法院追求它们的责任;或者,将"模糊不清的"不平或者不满诉至法官,并经常被期待要求家长主义式监护和裁定的作用,这些除了给法官添麻烦之外或许没有任何益处。

但是,在我国法庭辩论整体形骸化的审判实务中,例外活跃地展开法庭辩论的是现代型诉讼。并且,现代型诉讼很多情况下受相互主体性意识和行为的支撑,通过双方当事人在审判的公共场合参加公正程序保障的理性讨论,一方面诉诸更广泛社会一般民众的正义或者衡平感以谋求扩大或者强化社会共识,另一方面也以当事人之间自主的纠纷解决为目标。

现代社会与审判
民事诉讼的地位和作用

尤其是如果考虑到期待现代型诉讼政策形成功能的主体，是立法或者行政层面政策形成过程中自身要求得到公正考量存在着结构性困难的少数人和弱者，法院作为这种论坛发挥功能在自由公正的社会中意义就特别大。[40]

当然，如果观察邻人诉讼暴露出来的目前媒体报道审判的态度和理想、一般民众对审判的印象等，有必要注意审判的这种论坛效果未必健全。[41] 但是，在现代这种信息化社会中，继续无视审判的这一作用是不可能、不自然的，应当探寻审判论坛功能健全的运行方式，期待通过自然淘汰矫正这些弊害。

因此，对于当事人着眼于将审判间接影响也纳入视野的论坛效果提起并推动的诉讼，只要它是依照现行诉讼程序认真地进行了以解决当事人间个别纠纷为目标的法讨论，就应当认为它在制度上也是不应受任何责难的活动。在当事人看来，将在公开审判的场合面对社会一般民众广泛地诉说其要求的法的正当性理解为宪法第 32 条"接受审判权"的内容也是可能的。

作为法院，只要当事人主张的法构成是恰当的，打开诉讼

---

[40] 详细内容请参见田中成明：《法理学讲义》，前注④，第 414—419 页。
[41] 详细请参见星野英一主编：《邻人诉讼与法的作用》，有斐阁 1984 年；小岛武司、山口龙之：《邻人诉讼研究》，日本评论社 1989 年。

第四章
现代型诉讼与政策形成

大门、将判决及程序过程的个别纠纷解决直至判例的法创造功能都纳入视野,考虑公正程序保障的辩论活性化的同时推进审理或者进行判断就足够了。对于审判的讨论场所功能,只要是一般来说有必要作为《宪法》第 82 条要求的审判对审和判决必须在公开的法庭上进行的问题进行考量,如何有效利用审判间接影响的事实效果交给当事人和第三人就可以了。对此,诚如井上治典所言,"扩大波及效果的政策形成是诉讼开始后的运动论问题,是审判的政治力学问题。它的好坏与诉讼法学这一事物没有直接关系"[42],或许这样割裂来看更好。

法院通过上述应对即使不能给予判决的司法救济,也提供了一个把问题公之于众唤起舆论和社会的注意,以及公开判断它的是否恰当与探讨改善方案的必要情报和明确争点的场所。这种讨论场所功能对立法或者行政层面政策形成过程产生的间接影响,从审判程序的益处和法院的能力界限等来看,是法院可以发挥的几乎没有风险的作用。对于确保政策形成过程整体公正并且实效运行而言,这样做就开辟了法院弹性回应自己面临的多种要求和期待的可能性,意义非常大;对确立立法、行政及司法相互之间有效地抑制—均衡关系而

---

[42] 井上治典:《民事程序论》,前注⑧,第 211 页。

言,这也是分歧不多的应对之策。

(二)权利生成与诉讼的作用

前文大致分析了现代型诉讼中可以看到的审判多重功能及其定位、正统性,接下来稍微具体地考察一下诉讼在权利生成过程中是如何被现实地利用的、取得了什么成果,同时也说明上述思考方法意义的另一方面。

作为诉讼在新型权利生成过程中的作用,最初被考虑的是法创造功能,亦即通过判决承认法的权利主张、通过判例形成能够请求司法救济的回复性的或具体的权利。

但是,我国法院对通过判例形成新型权利却非常消极,至今为判例所确立的只有隐私权和日照权等数量极少的新型权利。当然,这不仅仅是因为法院的态度,新型权利所要求内容通过判决予以直接救济的难度一直在增大也是重要原因。

尽管法院应对如此消极,但各种新型权利依然还是陆续在审判中得以主张。这些诉讼虽然当然地是以获得胜诉判决为目标,但更多时候目标却是即使败诉也至少以诉讼为契机扩大或者强化对作为第一次法的权利的正当性的共识,促进某些立法或者行政措施转化为可以直接进行司法救济的回复

性的或具体的权利。㊸

因此,要总体上把握新型权利生成过程中审判的多种作用,只是关注由判决承认回复性的或具体的权利的功能是不够的,还有必要从更宽广的视野去考察不限于判决的诉讼程序过程整体,在由第一次法的权利产生向回复性的或具体的权利转化过程中发挥了什么作用。而且,目前除通过判例直接承认新型权利以外,诉讼程序展开过程发挥的作用处于压倒性的重要地位是实际情况。

不仅在通过判例直接承认新型权利为回复性的或具体的权利的场合,而且在运用诉讼的间接影响促进第一次法的权利的成熟或者向运用立法或者行政措施的回复性的或具体的权利转化的场合,要使双方当事人辩论在公开法庭上公正程序保障下的活性化,以就新型权利的正当性提出具有说服力的理论构成以及具体地明确或特定适合司法救济的权利内容,尽力地充分辩论具有决定性的重要作用。在这样的讨论展开过程中,法官同意当事人的权利主张就是承认一定回复性的或具体的权利,通过判例的新型权利形成也正是双方当事人和法官之间协同活动的产物。

㊸ 关于第一次权利、回复性的或具体的权利这种法的权利的多重结构及它在新型权利生成过程中意义的基本说明,参见田中成明:《法理学讲义》,前注④,第六章;也可参照田中成明:《法的思考方法和运用方法》,大藏省印刷局1990年,第191—203页。

新型权利主张者以扩大或强化社会共识为目标,通过这样的公开法庭辩论将自己权利主张的正当性不仅诉诸相对方和法官,而且也间接地诉诸于社会一般正义与衡平感。通过诉讼的这种间接效果,对于那些潜在的具有同样受害可能性的人们以及现在尽管正在受到侵害但没有意识到自己权利在法上的正当性或者缺乏有效主张并实现它的力量的人们而言,也可以促进他们的权利意识的觉醒。而且,置于法律家集团的专业技术乃至于社会舆论赞成与否的讨论之中,该权利要求内容也可以向易于获得支持、有司法救济可能的方向具体地明确化和特定化。

即使考察新型权利的现实生成过程,首先也是以诉讼的这种间接效果为契机,社会共识才得逐渐以扩大与强化,当它在相当广泛的范围内巩固下来之后,就会像隐私权和日照权一样变得可以直接接受司法救济。即便到不了这一步,也会像国家铁路、JR增设或新设禁烟车辆等那样,有时由相对方自主地实现权利要求的内容,有时由国家和地方自治体逐渐采取积极措施将回复性的或具体的权利予以制度化。

法庭上主张的权利能在多大程度上取得这种效果,很大程度上取决于能否顺利构成既易于形成社会共识又适于司法救济的法理论。新型权利主张者容易性急、要求过大,这是他们招致社会反感、法院难以处理从而采取消极态度的主要原

第四章
现代型诉讼与政策形成

因之一。轰轰烈烈地主张新型权利确实有提升社会舆论和运动的效果,媒体也乐于接受,但如果在解释上缺乏针对性、粗枝大叶或者对错误的道理进行争执,反过来会因败诉形成很坏的案例,后者被用于立法或行政不采取措施的正当理由时,很可能会妨碍新型权利的生成。有必要像美国采取示范判例策略巧妙地推进消除黑人歧视那样,设法根据判例、学说及社会舆论动向恰当地选择胜诉可能性大的案件,分阶段去尝试解释论上认为理所当然而且易于为法院所接受的理论构成。

如果再考虑到新型权利在法上固定下来的实际情况及它提倡的多方面目标等,那么将审判在权利生成与固定过程中的作用只是限定在作为审判最终产物判决的法规范层面功能进行考察,总体上是不可能把握审判在现实中发挥的多重作用的。除非把从诉讼提起经公开法庭辩论到一定判决,这一系列当事人主义诉讼程序展开本身独立于判决内容发挥的作用也纳入考察视野,否则就不可能充分揭示审判在新型权利生成与固定过程中发挥的多重作用。

2. 在新型权利生成过程中,审判首先应当发挥的作用在判决是否承认新型权利之前的阶段,亦即究竟是否开启诉讼程序进入审理的判断上,它是对包括当事人适格在内的广义上诉的利益有无的判断,是进入诉讼的第一个关口。在围绕新型权利的诉讼中,总体来说实际情况是否定诉的利益、自扫门前雪的判决较多。但是,如果考虑到上述已经说明的诉讼多重功能,发展的方向应当是只要新型权利主张在法上的构成是恰当的就姑且承认诉的利益并进行实质审理,最终即使作出驳回判决也明示了它作为回复性的或具体的权利缺失哪些要件,提供了新型权利主张在法上是否恰当的实质判断标准。

谷口安平的《权利概念的产生与诉的利益》㊹一文在这一方向上提供了富有启发性的建议。他从如下思考诉的利益与实体权利之间关系的立场,就诉的利益本身在权利生成上的机制及其现代意义提出了颇有意义的见解。

> 在主张的权利根据情况也可能得到认可的前提下进行审理时,也就是说先认可诉的利益的场合,意味着正式地承认了这种权利存在的可能性。首先要考虑这种程度承认权利的阶段。但是,在诸多案件中虽然承认可能存在,但如果结果上该请求一次也没有得到认可,它就会成为虚幻的权利。可是,通过一系列驳回判决无疑会逐渐明确这一权利的要件等内容。如果相当多的案件都肯定性地认定了它的存在,这一权利就会逐渐在实体法中确

㊹ 谷口安平:《权利概念的产生与诉的利益》,载《讲座民事诉讼》(2),弘文堂1984年版,第163—180页。本书以下在引用该文时,皆采用括号内表示页码的方法在文中注明。

实存在，这是否可以认为一种新型权利生成了呢。如果这样的观察方法正确，那么就可以说诉的利益观念掌握着通过审判过程的权利，因而是启动法的创造过程的关键。(第 165—166 页)

谷口将诉的利益和实体权关系的这种理解与佐藤幸治背景权利、实定法权利及具体权利的人权三层面区分[45]，我使用的第一次权利和回复性权利的概念区分[46]等联系起来，提出了权利多重构造的想法。首先，关于权利构造及其生成，他理解为"实体法体系虽然包含着诸多权利和利益，但它们表明了一定体系中的多重构成"，认为"如果把权利的这种多重构造单纯化，可以区分为位于最上位的原理权利概念、该原理下被认可的具体权利概念及保护具体权利并使它能够实现的手段权利三个阶段"(参照第 167 页)。在这些权利概念中，具体权利和手段权利之间的区别，与我所使用的第一次权利和回复性权利之间的区别相对应，表示权利及其救济之间关系(参照第 169 页)。关于原理权利，从接下来考察的就其特征的说明推测来看，可以理解为同佐藤幸治所谓的"作为实定法权利的人

---

[45] 樋口阳一、佐藤幸治、中村睦男、浦部法穗：《注释日本国宪法》，青林书院 1984 年，第 11 条、13 条的注释(佐藤幸治执笔)；佐藤幸治：《宪法》第 3 版，青林书院 1995 年版，第 393—394 页。

[46] 参见前注[43]所列举的文献。

权"是对应的。在具体权利概念上,虽然谷口和佐藤都使用了这一概念,但他们的概念规定稍微有所分歧,佐藤看来是把谷口所说的获得手段权利保障的具体权利理解为具体权利的。

其次,关于权利的生成,谷口认为虽然"法官的活动必须被限定在时常由上级权利概念推导并创造下位权利",但是最上位的原理权利的内容是模糊的,"虽说形式上由宪法规定,但实际上其具体源泉唯有求助于社会共识",所以在这样的原理权利场合"应当理解为'汲取',而不是法官的创造"(第167—168页)。随后,就新型权利的生成过程,他这样解释:

> 依照原理权利创造具体权利和手段权利或者依据既存的具体权利产生手段权利。**但是,无论在哪一种场合,权利生成作为直接现象一定发生在手段权利的层面。**……感觉到法的拘束的法官几乎不可能自己宣布创造某种新的具体权利并依此来处理案件。但是,手段权利是无法回避的。……观察者只有从得到认可的手段权利去反过来设想具体权利的存在。……日照权应当就是在这种过程发生的背景下,由对都市环境变化的一定洞察和价值判断、还有被称之为社会舆论和社会共识等内容的凝缩存在,通过法官及观察者内心在有关更上位原理权利层面规则上进行整理的结果。没有这种依照上位价值的正当化过程新型权利是不可能实现的。(第168—169页)

对于谷口的这种观点,我也表示完全赞同。作为法的权利的成立条件,佐藤所强调的要求它"成熟到具有可以明确而且特定化的内容"㊼,也可以认为是由于在法的权利生成中手段性权利是否可以通过这样的过程为审判所承认成为了中心争点所导致的。

第三,谷口为了能够准确把握上述具体权利和手段权利之间反映的权利和救济之间的关系,主张"有必要将请求权重新拉回救济层面,进行与其手段性相适应的运用"(第170页)。他着眼于英美法的救济(remedy)这一独立的法领域,作为"与法官在具体案件中为保护利益从赋予何种具体救济手段(relief)恰当的观点上发挥判断作用有关"(第70页)的领域所发挥的重要作用;肯定地评价救济法领域"在实体法和程序法中间设想救济法领域不仅在考察通过诉讼的权利生成机制时能够成为有益线索之一,而且在让法保持灵活性的意义上也反映出一种智慧的政策判断"(第171页)。基于对救济法的这种评价,谷口提议将诉的利益概念置于救济法的领域内进行考察,认为这样无非是"把穿着请求权外衣现在转移到实体法一侧的内容重新剥去这一外衣,使其返还到作为诉权定型化之前的状态"(第173页)。

㊼ 参见樋口阳一、佐藤幸治、中村睦男、浦部法穗:《注释日本国宪法》(前注45),第237页。

现代社会与审判
民事诉讼的地位和作用

"救济法……是关于自扫门前雪还是放进来进行实体判断以及就实体判断结果如何进行救济的法体系。它以实体法和程序法的逾出部分为本体……这里<u>要求不限于实体法既有范围地进行判断。即使所主张的利益是实体法目录中没有确立的,首先也应该放进来作为考虑的对象</u>。所以,在其中起作用的判断基准不外乎是诉的利益。总之,诉的利益可以说是作为触角,在实体法欠缺或者不足的部分发挥着联系诉讼的作用。它的作用有时积极、有时消极。……<u>当由新的社会现象产生的利益无法通过既有请求权定型化的手段权利获得保护时,它就发挥了赋予其审理机会的作用</u>。在诉的利益作用上历来一直都是强调消极作用。通过设想救济法领域,它也可以发挥积极作用。"(着重号为笔者增加)(第174页)

就我国这样基本属于大陆法系的法体系内如何吸收英美法这种救济法的思考方法,在制度上虽然有探讨的必要[43],但是随着权利概念的扩散,如果注意到审判外权利实现手段的扩充和多元化、司法保护和救济方式也多元化起来,而且不得

---

[43] 关于这一点,请参见竹下守夫:《救济的方法》,载《岩波讲座·基本法学(8)·纷争》,前注②,第183—224页;此外,也可参见竹下守夫:《民事诉讼的目的与司法的作用》,载《民事诉讼杂志》第40号(1994年),尤其是第17—26页。

第四章
现代型诉讼与政策形成

不向这一方向推进的状况,谷口的这一提议真是适宜的。我觉得即使暂时不考虑救济法这种思考方法,将上述加着重号的部分提议吸收到诉的利益的解释论讨论中也是完全可能的,目前在民事诉讼和行政诉讼中已经出现可以认为是吸收这些趣旨的解释论。

假如像谷口所说的这样定位诉的利益概念是必要而且可能的,那么最后遗留的重要问题也如谷口所指出的,就是"确定依据什么应当保护或者有何种程度应当予以保护的利益"(第179页)。也就是说,"在救济法领域是否承认诉的利益、是否创造权利生成的契机关键在于存在'应当予以保护的法的利益'","目前虽然依赖于实体法上已经确立了具体权利,但问题是即使确立了某种利益它是否足以使特定救济正当化呢,进而有时不得不从上位原理权利层面去寻找根据,这一问题即使在审判的法创造或者权利形成过程中也构成了最重要的部分"(第177页)。

谷口对这一问题本身几乎没有论述,他以"实际上对此没有客观的标准。它必须在诉讼的场合才能创造出来。采取当事人主义构造的诉讼程序,在良好发挥作用的情况下能够赋予它所创造的标准以正当性。进而提高以该标准为基础生成的权利的正当性"(第179—180页)这种启发的方式,结束了论文。

谷口虽然认为上述观点是"为运用程序生成权利的过程提供理论,是这一过程正当化"(第179页)的尝试,但他依据的原本就是民事诉讼理论中程序保障论的内容[49],所以也符合已经触及的诉讼程序过程的正当化功能的说明。

就民事诉讼而言,基本上应当向上述谷口启示的方向发展;在行政诉讼中,虽然这种必要性很高,但是却难以判断是否有诉的利益的。

在行政诉讼中,即使承认诉的利益并扩大门户,但由于行政裁量或者规定具体司法救济措施等的法律并不十分完备,结果现实中很多情况下还是不得不驳回原告的请求。所以,有观点认为这样反倒很有可能以增大法官负担、强化司法追随行政的印象而终结,道理也在这里。所以,目前亟待完备应对行政功能扩大的法的规制与司法救济措施、扩充利害关系人事前参加行政过程的程序。

但是,因为这么说所以就认为在此之前任何扩大行政诉讼门户的措施都是徒劳无益的也未必正确。很多情况下期待行政诉讼发挥替代或者补充行政实体法和程序不完备的功

---

[49] 关于谷口程序保障的观点,请参见谷口安平:《程序保障的基础理论》,载《民事诉讼杂志》第27号(1981年),第139—148页;谷口安平:《程序的正义》,载《岩波讲座·基本法学(2)·纷争》,前注②,第35—59页;谷口安平:《程序的正义与审判——从实定法立场》,载星野英一、田中成明主编:《法哲学和实定法学的对话》,有斐阁1989年,第342—352页。

能,通过提起诉讼和法庭辩论将问题公之于众或者请求公开情报,对一般行政过程的正当化和具体行政措施的促进也会产生其他方式难以替代的影响。如果一并考虑到这些现实,就应当结合每个具体事件灵活地重新探讨诉的利益的传统理论框架,向根据需要缓和诉讼要件的方向发展。[50]

---

[50] 稍微详细的说明请参见田中成明:《围绕审判的法与政治》,前注①,第287—298页。

▶ 05
诉讼功能扩大的方向与界限

如上所述,本章从各个侧面对现代型诉讼功能扩大的状况进行了探讨。如果要归纳它的基本方向,那就是尽管不可否认现行审判制度框架下会存在着各种各样的难题和困难,但是制度上能够视为正统的功能依然有扩大的余地,为此应当努力在法理论或者法实务上想办法。

法院的正统活动领域基本上是由宪法、法院法、民事诉讼法、行政诉讼法等实定法规范规定的。但是,它并不能被全面穷尽地规定,仍然留下了相当幅度的解释余地,还有一些随审判所处社会政治现状及社会中人们对审判的现实期待等状况性事实要因变动的弹性领域。

基本上,同法解释要在一边依据实体法规一边参照事实关系及与之相关的社会一般正义、衡平感展开一样,确定法院的正统活动领域也有必要经常将这些事实性要因反馈到制度

论的规范性讨论中。㊶

在希望以这样的方式明确审判功能扩大的方向和界限时，有必要考虑区分审判原有的、值得以审判之名最低限度必须发挥而且如果不是审判就无法发挥的"固有功能"，与虽然原本是审判以外的机关或者程序发挥的、但是在它们不能恰当发挥时不得不由审判以补充或者替代形式承担的"补充性、替代性功能"。

人们期待审判依据社会政治的现状适时地发挥一定作用。在这种场合，只有审判恰当发挥固有功能的前提下通常才会承认其活动的正统性并期待以该信赖为基础扩大功能。所以，期待以审判变得无法恰当发挥固有功能的方式扩大功能是自相矛盾的，法院以牺牲司法机关身份的程度去回应对它功能扩大的期待，会丧失自身存在的基础。

审判的固有功能是在公正参加当事人主义程序的保障下，准确地适用法律于正确认定的事实，通过明确地确定当事人之间具体的权利义务关系去解决纠纷。"法"的核心特质在

㊶ 新堂幸司在《从民事诉讼目的论学到什么》论述道："审判正当性的问题作为实定法的解释问题是由规范性规定的。但是……它的解释余地很大，随时代变动的特点也很明显。作为使司法作用变动的原因，可以列举的尤其如社会对法院的期待。"他虽然认为审判的正统性问题应当从一般市民对审判的期待、审判形式中固有的内在特色、法规范层面法院的作用这三个角度进行考察，但基本上可以认为属于同一方法。

这一功能上才得以具体体现,扩充审判的这种固有功能作为完备普遍主义型"法化"的背景条件,无论什么在时代都应当作为司法改革的中心目标。

审判是否能够恰当地发挥这一功能、确保正统性,正如至今经常指出的那样,很大程度上取决于原则上同对方当事人对等立场主体性地参加当事人主义程序过程的机会是否得到平等地保障、双方当事人之间的法庭辩论是否得以活性化。可是,在我国审判实务中,应当成为法庭辩论活性化基础的口头辩论形骸化,活跃的法庭辩论展开只限于现代型诉讼等极少案件的审判中。保障参加公正的程序过程作为审判固有功能具有的独立价值也就是在现代型诉讼功能扩大过程中才逐渐引起关注。

如果再考虑到这些实际情况,那种认为现代型诉讼不是现行审判制度结构预设的诉讼类型,应当区别于固有诉讼、向积极方向转换法官作用并强化他在事案释明和政策形成中主动进行职权注意考量或决定的观点,虽然在很多场合诉讼当事人及其支持者自身也期待它这样做,但却很难获得支持。

反倒正是现代型诉讼中,才应当更加重视程序保障的正当化功能,强化法官职权主义考量终究还是应当以促进双方当事人实质对等的自律相互主体辩论的活性化为重点。以不能并存于促进双方当事人相互主体诉讼活动的形式去强化法官的职权主义考量,很可能会导致程序保障正统化功能的空洞化,令人怀疑这样的功能扩大是否是在扩充审判的正统作用。尤其在国家赔偿诉讼等现代型诉讼中,积极地将诉讼上的和解吸收进诉讼程序内的倾向与这种强化法官职权主义考量的做法相结合,还有自治型"非司法化"转化为管理型"非司法化"包围的场所的担心,需要慎重探讨以这种方式扩充审判的作用是否是恰当的策略。

再者,不能忘记在有关现代型诉讼上直接成为问题的功能几乎是补充或者替代功能,是在运用审判外纠纷解决程序不能获得恰当救济的场合或者立法、行政层面的政策形成过程不能公正吸收社会各阶层要求和意见等场合,大抵上不得不期待审判作为最后的手段发挥作用。

审判应当在多大程度上承担这种作用必须经常结合审判所处的有关外部状况进行考虑。而且,利用审判政策形成功能的解决多是迂回式、对症疗法式的解决,要真正地解决问题,恢复审判外纠纷解决与政策形成过程本身的公正并且有效运行是不可缺少的。极端地说,可以看到一种对审判的政策形成功能期待越来越少社会政治体系反倒会健康地运行的反论关系。

所以,法院为回应高涨的政策功能期待在各个方向上积极扩大功能,姑且不说短期内,长期内也未必经常会同扩充市民权利救济和确保政策形成过程公正有关。法院根据问题毫无理由地拒绝直接汲取要求和意见，有些场合下也可能会促进审判外的权利主张和实现要求的自主活动，提高市民相互主体的利害调整能力，有利于政治上的成熟。尤其是对于行政过程的司法控制，虽然基本上还应当继续扩充，但确定其审理或救济方式相当困难，因为采用什么样的审理或者救济方式还有反过来会使权利救济程序复杂而且僵化，导致政策形成整体功能分担和相互协助关系混乱的担心。

在现代日本的政治与法状况下，法官就现代型诉讼能否恰当地发挥在民主立宪制的政治过程中被期待的作用，前景还未必明朗。但是，法院能够什么程度上回应这种作用期待，可以说是把握以通过公正程序、依据宪法和法律等进行的理性讨论来解决纠纷及形成各种公共政策为手段的政治或法文化，是否广泛渗透到政治社会并确立了"法的支配"的关键之一。如果法院不能充分回应这些作用期待，即便政治社会的"法化"得以发展，也只是强化了回避普遍主义型"法化"的管理型"法化"与自治型"法化"之间的短路结合，因此就非常令人怀疑法体系在自由公正的政治社会中能否作为一支柱发挥相应的作用。

事项与人名索引

现代社会与审判
民事诉讼的地位和作用

ADR（alternative dispute resolution，替代性纠纷解决程序） 5,61

案件管理 37,166,170,180,181,204

本人诉讼 139,143,149,152,153,198,202

辩论兼和解（和解兼辩论） 112

辩论主义 112,133,166,249

辩论准备程序 152,154,187→争点整理程序

程序保障（论） 50,52,57,73,79,83,96,97,121,142,152,158,176,184,196,197,199,200,227,240,242,243,246—250,252,253,265,267,269,278,282

程序正义 56,57,91,247

川岛武宜 3,9,10,19,40,63

大阪空港诉讼 217,218,258

当事人对立主义 133,174,180,181,193

当事人主义 18,42,69,83,97,101,121,166,238,246—250,271,277,281,282,291,292

德沃金 19

"第三波"理论 65,71,74,83,85,87,90,92,96,97,105,109,125,176,250,285

第一次权利 268,273

对话合理性标准 44,47—50,88,89,249,285

二流正义 189,194—197,204,210

"法" 11,14—18,21—23,25,27—30,32,42—44,46,55,93,107,134,136,137,168,208,281,286

法的程序化 157

法的支配 10,12,13,15,23,27,29,56,117,144,210,245,284

法工具主义 18,27,31,32,35,

36,39,57,68,92,95,170,183,206,224,264

法化　3,4,6,7,11,13,17,20—44,49,53,56,57,64,67,78,87—89,107,113,124,130,134—138,140,144,146—148,150—152,154,155,160,162,164,170,172,173,185,203,204,206,207,209—212,217,224,282—285,289,290,292

法庭辩论　19,41,42,52,56,80,91,108—111,113,140,152,198,200,227,229,243,246,248,252,256,260,265,270,271,278,282,291

法与经济学方法　9,19

法治主义　7,9,17,18,27,29,31,32,36,39,62,68,92—94,117,124,133,134,163,170,172,183,261,262,264

反法化　5,22,30,31,36,38—43,68,93,153,161,173,176,183,194,202,210,289,290

非法化　5,22—25,30—33,35—37,39,41—44,49,54,56,57,64,68,88,93,107,134—137,144,150,151,154,155,160—162,185,198,203,204,209—211,289,290

非正式主义　18,27,31,32,35,39,68,92,93,170,175,185,206,207

费斯　177,179,180,183,185

弗里德曼　40

富勒　36,165,177,205

高桥宏志　102,118

公共诉讼　37,79,122,220,241

公开主义　154,166

共同体主义　54,91,93,175,190

谷口安平　247,272,287

管理型法　27—29,31,32,34,35,39,41—43,66,67,88,93—95,117,139,149,173,203,206,207,285,289

规则怀疑主义　92,98

国家赔偿请求诉讼　218

哈贝马斯　24,34,40,49,52,146,192,225

海莉　8

和解　5,9,10,17,38,39,41,43,52—55,61,63,64,67,71—73,78—80,90,99,101,104—110,112—116,129,135—137,141,142,144,147,149,154—157,160,167,170,171,177—181,185—192,194—202,204,207,208,210,217,251—253,283,290→诉讼上的和解

回避诉讼（倾向） 6,7,42,134

回复性的或具体的权利 268—270,272

家长主义 81,95,112,142,149,152,196,198,200,202,203,265

交涉 14,16,20,27,32,34,38,44,45,48,50,54—58,61,69,72,81,88,91,92,97,99,105—108,110,111,120,137,149,188—190,193,196—200,203,204,207,251,290

交涉型辩论 108,109,111,115,116

接近审判 63,80,81,125,150,210

接受审判的权利 81

结构改革诉讼 177,178

井上正三 67,83,90,109,248

井上治典 71,74,83,109,157,250,253,267,287,290

纠纷解决说 57,156,158

救济 12,37,65,66,71,73,78,79,106,131,138—145,147—149,156,157,159,160,171,178,179,199,208,210,217—220,222,224,225,232,241,245,251,261,267—270,273,275—278,283,284

拉姆塞耶 8,9,11,12

立宪民主制（立宪主义） 10,12,13,23,27,29,123,159,240

邻人诉讼 146,266

龙奇喜助 116

卢曼 33,35,91

律师强制主义 111,153

罗伯特·阿列克西 19,35,100

罗尔斯 56,91

马克·加兰特 38

马克斯·韦伯 34

麦考密克 19

门克尔·梅多 193

名古屋新干线诉讼 243,260

目的—手段模式 15—17,27,28,31,32,54,67,69,163,223

奈良次郎 243

内在视点 15,16,19,21,30,46,48,55,99,124,158—161,163,183,189,201,211,262,264

能力赋予 190,192—194

判例的法创造 79,124,228,230,231,237,238,242—245,262,266

平井宜雄 19,116

普遍主义型法 27—32,35,39,41—43,47,48,93—95,117,172,203,209,285,289,290

情势判决法理 232
权力分立制 28,29,240,241
日照权 268,270,274
瑞思尼克 180—183,185,207
SMON 诉讼 80,251,257
三月章 131,151,211
森永牛奶中毒案件 141,217
审判的补充与替代功能
审判的法创造功能 226,228→判例的法创造
审判的固有功能 79,238,281
审判的纠纷解决功能 5,15,254
审判的政策形成功能 122,123,229,239,283,290
审判的制度框架 97
审判外纠纷解决程序→ADR
生存权诉讼 257
司法的政策形成→审判的政策形成功能
司法积极主义 179,180,183
司法消极主义 219,236
私的自治原则 64,65,67,70,103,195
私法秩序维持说 57,159
私权保护说 57,159
四大公害诉讼 139,141,256
诉的利益 218,254,271—273,275—279
诉讼上的和解 5,17,43,53,55,61,63,64,67,71,79,99,101,106,107,129,137,141,147,155,157,185,186,188—191,194—198,200,207,210,251,252,283,290

讨论 3,6,8,10,15,18—20,22—26,30,31,33—36,39,40,42—50,52—58,69,70,84,88—92,100,106,107,109,110,113,119,122,129,130,132—137,146,150,152—154,156,159—164,167—169,171,175,176,182,185—187,192,198,199,202,204,207—213,220,224—231,233,234,237,238,246—248,251,254,257,258,260,263—267,269,270,277,280,284,290
讨论与交涉论坛 47,50,55,88,147,187,197,285
特鲁贝克 184
替代性纠纷解决程序 5,61,134,285→ADR
调和（reconciliation） 53,175,190
调停 4,5,7,37,43,52,53,61—64,71,73,74,77,79,101,116,134,136,144,147,156,170,171,180,210,288,289

事项与人名索引

樋口阳一　232

托依布纳　24,34,35,146,224

妥协　15—17,27,28,32,52—55,90,92,133,184,189,195—197,201,204,210

妥协调整模式　67,69,163,223

外在视点　19,21,48,158,161,189,211,262,264

问题解决型交涉　54,174,175,192

沃尔夫伦　8—12

嫌烟权诉讼　259,260

现代型（政策形成）诉讼　61,112,118,140,163,166,180,285

宪法诉讼　140,219,221,228,236,247,256,263

小岛武司　71,104,173

小额（案件）　81,144,145,148,150,152,198

新型权利　130,139,140,220,222,230,255,256,268—272,274,285

行为规范与裁决规范　97

行政诉讼　217—219,221,241,254,277,278,280

形式主义　93,117,170,171,174,185,198

要件事实论　107,108,167

要件—效果模式　15,17,27,28,31,32,54,67,76,99,110,162,163,167,172,223

耶林　117

隐私权　268,270

争点整理程序　112,152,154,167,187

正当程序　73,114,176,180,182

政策形成诉讼　17,21,61,112,118,131,140,163,166,180,252,285→现代型诉讼

职权主义　42,43,153,166,202,205,282,283,292

职员税金诉讼　259

智慧　13,19,46,89,94,98,147,212,275

中野次雄　233

朱迪丝·N.施克莱　36

竹下守夫　159,160

自由至上主义　23,38

自由主义　12,13,22,23,29,31,36,38,54,91,93,94,133,168,172

自治型法　27—29,31,32,42,43,47,48,67,88,93—95,117,173,203,206,207,285,289

佐藤幸治　234,273,287

后记

现代社会与审判
民事诉讼的地位和作用

随着日本社会逐渐推进"法化",对审判状况的关心度一直在提高,在最近的民事诉讼实务和理论中还可以看到现代型政策形成诉讼、新型权利与人权的主张、"第三波"理论的提倡、替代性纠纷解决程序(ADR)的扩充、民事诉讼改革的推进等非常有意义论题的接连不断展开,引起了广泛的关注。这种发展对于我所主张的将法体系与司法制度理解为对话合理性标准法"制度化"的"讨论与交涉论坛",尝试运用普遍主义型法、管理型法与自治型法的法的三类型模型阐明现代法问题状况的法理学理论而言,是检验其意义和问题点的最佳素材,至今遇到机会就会对民事诉讼实务和理论的动向及主要争点提出我的想法。

本书旨在把我至今的思考建立起相互联系并就现代审判理想状态提出整体看法,是对我国民事诉讼实务和理论最近的动向及其主要争点、尤其是就如何思考民事诉讼在现代日本社会中的地位和作用尝试进行的法理学考察。关于审判的理论和实务,虽然在《围绕审判的法与政治》(有斐阁,1979年)

之后发表了若干论著,但本书的重点在于明确《法的空间》(东京大学出版社,1993 年)、《法理学讲义》(有斐阁,1994 年)等近期著作中表示的法理学立场、理论框架之间的联系。而且,作为法理论上应对"法"的核心和扩散的现代状况的一环,也有批判性探讨民事诉讼理论和实务最近动向,尝试从坚持"法"核心特质的立场修正方向的一面。

本书是在基于上述问题关心的几篇旧稿基础上,于今年暑期增加部分新的内容全面修订汇集而成的。形成本书的旧稿包括:《权利生成与审判的作用》(载《法学论丛》第 116 卷 1—6 合刊号,1985 年)、《法的思考方法与运用方法》第 5、6 章(大藏省印刷局,1990 年)、《现代审判的地位和特质的理解》(上)(下)(《法学家》第 1045 号、1047 号,1994 年)、《民事司法改革的背景及其射程》(一)(二)(三)(《法曹时报》第 47 卷第 5、6、7 号,1995 年)。

对于提供这些旧稿发表机会,同时允许以这种形式放进本书的编辑们深表谢意。

旧稿中,最近完成的虽然几乎保留了原貌,但就内容、表达全部进行了统一和调整并做了大幅度补充和顺序调整,以尽可能努力地提供目前时点上我对审判的原理思考。而且,与旧著重合的部分,只是最低限度的提及并在相关地方注明,以避免为了论述而不得不一定程度上的重合。

以法理学为专业的我在面对这些题目时,受到了来自各方的鼓励和指教,恕我无法一一列举他们的姓名,但尤其要向通过著作和论谈等给予宝贵启示的我的同事谷口安平、佐藤幸治、山本克己诸位教授及以井上治典教授为代表的"第三波"学派的民事诉讼法学者表示谢意。当然,如果有认识不足和误解、不当的评论等完全是笔者的责任。

对弘文堂编辑部北川阳子在大大推迟本书完成深表歉意的同时,就校正中给予的指点并帮助我制作繁琐的索引深表谢意。最后,涉及个人私事,向看我怎么也抽不出校正时间而帮助校正并就表达和内容上提供有益建议的妻子泰子,至今所给予的理解和协助再次表示感谢。

田中成明

1995 年晚秋

译后记

现代社会与审判
民事诉讼的地位和作用

译者从 2001 年开始从事民事诉讼法教学之时起,就时常被问起:为什么苦苦等待判决的当事人最后总是不得不以调解的方式结案?法院内的调解除了由公权力行使、结果上被赋予判决同样的结果之外,在具体运作上与诉讼外调解有实质性区别吗?等等。其时,调解在法院的结案比例中已经急剧下降。但是自 2004 年后,在同样的民事诉讼法框架内随着审判政策的调整,调解得以强化,调解的结案率开始反弹,某一时期甚至经常能看到诸多"零判决""调解率 98%"之类的消息见诸报端。这种戏剧性的反弹也促使我一直在思考如何定位审判与调解之间的关系、什么是现代民事诉讼制度等这些民诉的基础法理问题。

考虑到日本的调停制度经常被作为我国强调调解和扩充 ADR 正当性的重要依据,译者 2006 年在日本访学期间,就日本和中国的"调解"这种东方社会传统纠纷解决方式与移植过来的以裁判为中心的近代西方审判制度相嫁接方式进行了比较,发现两者在嫁接方式上的完全不同:中国是将调解与裁判并置于民事诉讼程序内,并将前者作为民事审判程序的一种结案方式;日本是在裁判程序之外另外设有专门的调停程序,并且调停的运用不得损害当事人的裁判请求权。译者关心的是:这个细微的技术差异是否反映了中日对于以裁判为中心的民事审判制度在社会纠纷解决中的定位认识上的迥异;它是否会影响到当事人对权利的追求;我国上述的调解的戏剧性反弹是否与这种制度设计有关。带着这些疑问,译者在京都大学法学部图书馆查阅了各种资料,发现了田中成明教授的这本《现代社会与审判——民事诉讼的地位和作用》。尤其是书中提出的"在社会法化不足的情况、前现代法治和后现代法治的短路结合很可能会导致法治的虚无"这些观点,完全吸引住了译者。

阅读后,译者了解到作者田中成明教授作为日本著名法哲学家,是日本20世纪末开始的那场跨世纪司法改革的主要旗手之一,而出版于日本那场跨世纪司法改革之初的这本书被评价为田中成明教授举总括自己以往之主张对审判实务和理论状况展开批判并提出改革方向的经典之作。在日本法哲学界,传统的法哲学主要关注于刑法和公法领域,对于司法和民事审判的法哲学研究较少,田中教授却以法实现正义的典型场所审判为中心构筑了自己的法哲学体系。

在该书中,田中教授运用自己的"反法化""法化""非法化"和"管理型法""普遍主义型法""自治型法"这两种分类模型展开理论分析,回答了审判在现代社会如何定位的问题。他认为日本社会仍然是法化不彻底的社会,有必要推进以普遍主义型法化为中心的进一步法化。就井上治典为代表的"第三波理论",他认为后者的"非法化""反法化"倾向过强,担心如此会导致法的核心部分扩散、法体系和司法制度丧失独立的自我存在理由。就审判与诉讼外 ADR 之间的关系,他认为应当在确认审判在民事纠纷解决中的中枢、核心地位基础上,超越各种制度性、程序性制约去构筑比法上更有利于解决纠纷的民事司法体系;就审判与诉讼内 ADR,尤其是诉讼上的和解之间关系,他认为如果诉讼上的和解能够活用,充分发挥它与诉讼外 ADR 双方的优点将有利于纠纷解决;但是反过来也有双方缺点结合的可能,具有这种缺陷的诉讼上的和解如果在民事审判的中心发挥作用,将可能损害法治的基盘。因此要使诉讼上的和解充分发挥作用,必须从司法裁判标准、程序对象等制度框架上重新定义民事诉讼。就审判的功能发挥,他对审判的政策形成功能评价非常积极,主张法院的作用应当转移至通过判决进行法创造的规范性作用上。

不过,田中教授所理解的发挥良好功能或者作用的审判并不是国家运用强制力进行单方规制或者裁定的强制命令系统,而是人们在公正程序状况下基于共同的规范通过自主交涉和理性的讨论作出行为调整的论坛。所以，上述观点能否实现的关键就在于是否平等地保障了双方当事人以相互主体的对等立场参加当事人主义程序过程的机会、双方之间的法庭辩论是否得以活性化。这正是田中教授所提出的民事司法的改革方向。

在本书出版后，日本制订了新的民事诉讼法和进行了司法制度改革，与之相呼应民事审判的实务和理论也发生了很大变化。田中教授的思想虽然也一直在适应这些情况进行着修正，但诚如他在中文版序言中所言，他对于民事审判的原理考察立场至今没有变化。而本书所运用的理论框架和分析方法也成为他分析新出现问题的重要工具。例如，对于为促进正当迅速审理而导入的审理计划制度，他认为这种通过三方协议展开的协动主义诉讼运营方向基本上是妥当的。但是即使在协动主义的诉讼运营下，仍然是严重依赖法官的监护作用、当事人主导的审理活性化远远没有得以实现，所以如何提高律师的主动性是亟待解决的问题。

对比我国民民事诉讼法，联系到前述的问题，在我国因审判程序内裁判与调解并置及多元化纠纷解决方式强调所导致的近代法体系坐标严重动摇、学界和实务界竟然连以裁判为中心审判制度的确立与生根也难以形成共识的现实背景下，田中成明教授的这本著作或许能为我国民诉法学界跳出既有思考窠臼,从更广阔的原理性抽象的层面去寻求相应的解答提供另外一个视角和思路;或者说这种直接从原点对以判决为中心的审判制度在社会法制化过程中地位与作用的追问,更有利于拓深我国民诉法学研究的视域。例如,在尚未确立以判决和当事人主义为中心的程序、法院职权主义仍然处于绝对优势的现实下,由法院主动地推动多元化纠纷解决体系建立、不断地强化调解对于尚处于"法化"过程中社会而言,到底是走向法化还是蜕变到法治虚无呢?对此问题,本书无疑会有直接的启示意义。基于这些考虑,译者遂决心将该书翻译成中文。

在翻译过程中,译者遵循忠于原著、尽量直译的原则。为了便于读者理解,对于书中涉及的一些日语专业性术语或者生活用语增加了译者注;对于约定俗称的英美学者姓名或者理论的翻译,基本采用了通用的译法;对于英文和德文的参考文献,考虑到读者进一步研究的便利,保留了原有格式。由于本书是法哲学角度对民事诉讼基础法理的研究,对于习惯于技术层面思维的译者而言翻译难度还是相对较大,虽以不辜负原作者厚爱与读者期待之决心去努力翻译,但仍然不免存在着各种错误瑕疵,也敬请读者批评指正。

最后,感谢田中成明先生的信任,给我这么一个宝贵的学习机会,使我可以从法哲学层面去思考民事诉讼法的一些基础理论问题。感谢我在京都大学留学期间的指导教授山本克己先生多年来对我的无私帮助与提携，也正是由于他的介绍才成就了本书的翻译。本书翻译是译者在接受日本学术振兴基金会(JSPS)资助在京都大学从事博士后研究期间完成的，也感谢学术振兴会提供如此宝贵的研究机会，使我能够集中精力完成这项工作。

  感谢曾经留学京都大学的王亚新教授向我们传递他初读该书时的兴奋与感动；感谢长期从事比较民事司法制度研究的傅郁林教授认真校阅了译稿并撰写了富于启发的导读；感谢弘文堂北川阳子女士为本书翻译出版提供的帮助；感谢北京大学出版社的王晶编辑长年来的支持、帮助，并对本书译稿提出了极其中肯的修改意见。

郝振江
2016年4月20日于京都

内容简介

现代社会与审判
民事诉讼的地位和作用

现代型政策形成诉讼、ADR 的扩张和灵活运用都是日本社会"法化"过程中遇到的重要问题。这些问题的解决和应对方式直接影响着以裁判和当事人主义为特征的民事诉讼在现代社会的地位,也决定着社会"法化"的走向。

本书基于普遍型法、管理型法和自治型法三类模型,从法哲学层面思考了现代社会民事诉讼的地位与作用。指出仍应当坚持民事诉讼在社会纠纷解决中的核心地位,为更好地应对社会的法化需求,民事诉讼可以转化为"讨论与交涉论坛";不坚持民事诉讼的核心地位,将会导致反法化和非法化的短路结合,最后导致法治的虚无。

对于尚未完全确立以裁判和当事人主义为核心,以纠纷解决为导向并过于强调 ADR 效果的我国民事审判制度而言,该书无疑具有明确改革方向、以使之更好地满足民众司法需求的启示意义。